体育五千年

彰显人类文明的体育文化

赵 鑫 黄 岩 杨春辉 / 编著

吉林人民出版社

图书在版编目（CIP）数据

彰显人类文明的体育文化 / 赵鑫, 黄岩, 杨春辉编
著 . -- 长春 : 吉林人民出版社, 2012.7
（体育五千年）
ISBN 978-7-206-09183-4

Ⅰ. ①彰… Ⅱ. ①赵… ②黄… ③杨… Ⅲ. ①体育文
化 - 通俗读物 Ⅳ. ①G80-05

中国版本图书馆CIP数据核字(2012)第161937号

彰显人类文明的体育文化
ZHANGXIAN RENLEI WENMING DE TIYU WENHUA

编　　著:赵　鑫　黄　岩　杨春辉
责任编辑:孙浩瀚　　　　　　　　　封面设计:七　洱
吉林人民出版社出版 发行(长春市人民大街7548号　邮政编码:130022)
印　　刷:永清县晔盛亚胶印有限公司
开　　本:670mm×950mm　　　　　　1/16
印　　张:13　　　　　　　　字　　数:150千字
标准书号:ISBN 978-7-206-09183-4
版　　次:2012年7月第1版　　　印　　次:2023年6月第3次印刷
定　　价:45.00元

目录
CONTENTS

目录

CONTENTS

目录

CONTENTS

最丰富的体育史书

沿着历史的长河，回顾体育往事，让我们先从那荒远的史前时期，来探寻体育的渊源。人类在地球上已经生活了几百万年。几千年以前的人类还未创造出文字，那时候的历史是怎样的？后来人们又是怎样知道的呢？

原来这段漫长的历史就埋藏在地下。考古学家、体育史学者从地球的地壳、地层中发掘出古代人类的化石遗物和遗迹。通过这些地下文物的整理和研究，人们逐渐了解了几万年、几十万年以至几百万年以前，人类社会的产生和发展和体育的产生大概情形。所以有人就把人类生存的地球，比喻成是世界上最大的体育历史书。

这本体育史书是怎样写成的呢？

世界上没有永远存在的东西，随着祖先的躯体早就变得无影无踪，就连坚强的骨骼也腐烂了，但是有些骨骼的形状还是奇迹般保存下来，这就是化石的功劳。在几十万年以前，有些骨骼被泥沙很快地淹没了，暂时没有烂掉，在这些被埋骨骼慢慢发生变化的时候，有一种矿物质逐渐填充了它们的位置，这样骨头就变成了化石。化石同骨骼的形状丝毫不差，就是比骨骼坚硬多了，能存在很长时间。埋藏在地层中的化白，有的因为地层变动而破碎，有的保存比较完整，不管是破碎的还是好的化石，都是科学家研究人类历史和体育历史的重要根据。

1974 年到 1975 年，在非洲坦桑尼亚北部找到了 13 个猿人化石，离现在已有 300 多万年，据说是人类最早的祖先。1929 年，我国在北京周口店的洞穴里，发现了一个相当完整的猿人头骨化石，经研究判断这种猿人生活在 50 万年以前，他们四肢大小、形状比例十分与现代人相似，身高大约

150厘米，这就是著名的北京猿人。

在地球的地壳地层里，除了因埋有化石，科学家可以按照化石的形状，复原人类祖先的模样外，还可以根据埋在地下大量历史遗物、古人使用的工具、武器、生活用品和装饰品，研究人类祖先的生活（包括体育生活）状况。

周口店洞穴中，除了发现的40多件人类化石，还有10多块奇怪的骨头，上面有打击的痕迹和锋利的刃石以及装饰用的骨针等，这说明北京猿人已经能够制造和使用粗糙的石器，而且北京猿人还开始能够美化人体。

大约在200年前，在英国伦敦附近，发现一副象的骨骼化石和一件15厘米长的尖形石器。这两件遗物陈列在英国伦敦博物馆中，引起了考古学家极大兴趣。他们经过研究、鉴定认为那块化石是已经灭种的古象化石。尖形的石器是一种用石块两面打制成的手斧。大约在10万年以前，原始人用它来猎取野兽。据说，这把手斧是现代人发现的第一件旧石器时代使用的工具。

原始人遗物中，除了打制成很粗糙的石斧、石刀外、还有磨制的石器，包括打猎用的枪尖，剥兽皮用的刮削器，钻木用的钻洞器以及用兽骨做的工具。在旧石器末期，原始人发明了用兽骨和兽角做成枪尖的投枪和用石头做成的石箭头。他们在长期的生活实践中，逐步掌握了一定征服自然的本领，如构木为巢、钻木取火、斫木为耜、揉木为耒、刳木为舟和弦木为弧、剡木为矢等。在法国索留斯特有个悬崖，考骨学家在它下面挖出大量兽骨，其中最多的是野马骨骼。据说，至少有10万匹。专家们认为这是原始人用投枪围猎的遗迹。

手持投枪的猎人在草原上看见野兽马群，他们藏在茂密的草丛中，对马群形成三面包围以后，就一块儿掷出投枪，枪尖戳进马的躯体，有的马受伤倒下，更多马匹向没有投枪方向狂奔。前面是高高悬崖，受惊的马群像决堤的洪水滚滚向前，到了悬崖边也收不住腿，因为后面马又冲过来，一条由马匹组成的瀑布从悬崖上跌落下去。围猎的意外收获，带给人们丰盛的食物，他们燃起篝火，一面吃着烤熟的马肉，一面唱着、舞着庆祝他们的胜利。

1879年，一位西班牙北部阿尔塔米拉洞穴中，发现一幅用红黑两种颜色画的壁画——中了枪的野牛。在另一处山洞也发现两个射手对准两头鹿的精美壁画，经考证这是原始人画的，作者生活在公元前1万年，他们的绘画反映了人类祖先的狩猎生活，同时也反映了远古人的体育的原始性，它还处于原始文化和混沌母体之中，它还未能最后完成与劳动过程的分离。原始社会的生产力极低，人们过着共同采集、狩猎、平等的集体生活，生活极为艰苦，饱受野兽侵袭和疾病的折磨。恶劣的气候环境，逼迫着人类不得不为了生存而顽强地挣扎、搏斗，进而学会思索和创造，与此同时也就孕育着体育。

体育圣火

在现今的奥林匹克运动大会，有一个庄严而富有历史意义的盛典，这就是点燃圣火仪式：在奥林匹亚赫拉神殿前，穿着民族服装的少女们用凹面镜聚集日光，把圣火盆点燃，然后用这里火引着第一支火炬，交给运动员。然后这些经挑选的运动员，便以接力形式，每人高举火炬经过跨国越洲的长途跋涉，用几周时间，不辞辛苦的传至奥林匹克运动会主会场，由一名运动员点燃特别建立起来的火炬台上的火炬。当你看到矫健的运动员高举明亮火炬奋力前冲的时候，你可想到这个仪式和火距接力运动是怎么产生的吗？

奥林匹克点燃圣火，人们举着火炬赛跑是为了纪念一个人，严格说是为了纪念一个神。他的名字叫普罗米修斯，希腊语意是"先觉者"。如果说世上第一个女人是火神和匠神之作，那么世上男人便出自盗取天火的普罗米修斯之手。他用黏土捏成一个塑像，可是他不用水淋透黏土，而是用他的泪水去润透黏土，他捏出的人赤身裸体、一丝不挂，这个手无寸铁、一无所有的最原始的人一到世间便注定要受冻挨饿、毫无防御能力。普罗米修斯同情人类苦难，为了让人类活得好些，让他们拥有防御猛兽的有效武器，他决心把火交给他们。一天，普罗米修斯带来一根阿魏——一种伞科植物，来到楞诺斯岛，走向火神的炼铁炉，将树枝伸进铁炉火焰里，树枝被燃烧后，普罗米修斯迅速拖拿着它降到人间，并点燃了一处丛林，从此人世才有了火。人类可以用火烤肉、取暖、照明。然而众神之父宙斯，不愿看到人类改善自己境况和改变自己命运，他决定惩罚引起渎圣和奢望的盗火者。于是他下令把普罗米修斯绑缚在高加索山岩上，对普罗米修斯来说，最不幸的是，每天早上一只巨大的爪子锋利的山鹰飞来啄食他的肝脏，幸而被山鹰食的肝脏，晚上又会长好。宙斯判了普罗米修斯一千年徒刑。就这样，普罗米修斯一直被折磨几千年，但是他的牺牲换来了人类的光明和繁荣，也带来了人类自身的发展和体育的产生。正如恩格斯所说，火的使用使人类获得"世界性解放"，从而最终把人与动物界分开。

火对人类来说太重要了。上面这个神话传说当然不是真的，但也却是由于人类对火的重要性的意识而产生出来的。由于火是如此重要，以至于世界上某些地方把火看成是神圣的东西。当人类懂得用火，它很快就成为了人们生存斗争的一项不可缺少的有力武器。而后，在漫长的岁月里，在多种实践中，熊熊的火焰逐渐演化为人们战胜黑暗、获取光明、驱除寒冷，得到温暖，制服邪恶与灾祸，赢来正义与和平的一种象征。这也就是竞技运动会上，点燃圣火和传递圣火的原因。

上古时期要得到火是不容易的，偶尔有雷电引起森林大火或者野火燃烧而得到火，烧起来就不敢让它熄灭，熄灭以后又怎样能得到它呢？世界上最早使用火的人，是生活在大约170万年前的中国元谋猿人。1956年，几位年轻的地质工作者在云南北部元谋县，发现了这种猿人的化石和他们烧剩下的大量的炭屑。原始人在使用火的时候，也逐渐学会了保存火种。从旧石器时代中期开始，在打制石器时，石头相互撞击，经常会发生火花。一次两次，千百次，也没有引起人们注意。偶然，有人用黄铁矿或赤铁矿打击燧石，进出火花落在干燥的树叶堆上竟点着它。人们受到启示，找出同样石块，一次又一次试验，终于学会了用撞击法取火。人类在征服自然的过程中，把神话变成了现实，他们不必再像普罗米修斯那样历尽艰辛，舍身盗火了。

火的出现是一个伟大的发明。恩格斯把这看作是人类历史的开端。那么，体育是人类社会的一种社会现象，自然也可以说，火是人类体育的开端和前提。有了火，就能经常吃熟食，这不但增强了人类体质促进了人脑的发达，从而使人类产生体育性质的活动成为可能。火还扩大了人类食物的来源，许多豆类生吃有毒，熟食对身体有益，生鱼难以下咽，用火燃烧就变成了美味食品。火的使用还帮助人们更加密切合作。原始人成群结队外出打猎，有时会遇到非常凶猛的野兽，火可以成为求援信号。更重要的是，有了火，金属的发现和冶炼成为可能。人类征服自然的能力大大提高。迅速改变了生产面貌，推进了古代社会进步。这样也就使融于祭祀、劳动、生活中具有混沌状态的体育逐渐分离出来，成为具有独立性质的体育。

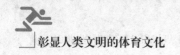

体育与岩画

　　原始社会体育活动是人们十分感兴趣的，这一点从世界上发现的许多岩画得以证明。

　　一位西班牙人，19世纪末在一个洞穴中考察，他的5岁女儿跟他看热闹，正当他在挖掘时，小女孩突然喊起来："公牛！公牛！"父亲抬起头来，看见洞壁上画着一支中了投枪的野牛。在另一个山洞中还发现两个射手用弓箭对准两头鹿的精美壁画，起初人们都不相信，这些漂亮的图画竟然是原始人画的，但是画的动物是早就灭绝的种类，这使人不得不相信壁画的作者，大约生活在公元前1万年，他的绘画反映了人类祖先的狩猎生活，称得上是地球这本历史书最吸引人的插图。

　　在公元前3400年前，我国就有了岩画。1965年我国考古学家在云南省临沧地区的沧源佤族自治县，发现了一批云南新石器时期的岩画，这些岩画古朴生动，内容简练而真切，线条单调但富有表现力，有独特的艺术风格。岩画中多以表现狩猎、战争、游戏的场面，岩画中一批表现原始体育活动的形象，为我们探索原始体育提供了极有价值的材料和证据。

　　人类最基本的运动形式是走、跑、跳、掷。这是原始人类为自己生存所必备的能力。也是原始人最早的体育活动。沧源岩画为研究人类基本身体运动提供了极有价值的资料。

　　这幅野猪逐人图，生动形象地再现了原始人同野兽之间的斗争，而这种你死我活的斗争，要求人类具有较强的力量，较快的速度，还要有一定的灵活性和斗争技巧。这幅画再现了原始人类的斗争生活，同时也使我们窥察出原始人类基本运动是在什么样条件下产生的。壁画原始人跑步图，箭头所指两个残缺的运动形象，也是较典型的奔跑中形象。它不像其他人形，只用单线勾出下肢，而是由粗到细的形体来表现腿的摆动姿势，若同现代径赛中跑的形象相比，差别不太大。图上面的跑步者腿的后摆动作很充分，前摆腿轻松，整个动作连贯和谐。

在战争凯旋图中，有一个传递信息的奔跑者，在他身后的山坡上，人们举手欢呼。送信者因为胜利而喜悦恨不得把脚变长，以便把喜讯尽快送到。这样一个不合比例的送信者形象便产生了。这幅图为我们留下了原始人类战争的一个侧面，也表明了长跑运动的产生与战争有密切关系。

岩画中，有四组玩球动作。上面两对是玩气球。岩画中有一个特点，凡突出夸张的部分，都是人们要着意表现的。玩气球人的手都是张开的，突出了抛球动作。图下面的一对是玩石球。石球是人类最古老的最原始的投掷工具之一。无论是直接投还是用一个套子接上绳子装上石球，制成复合工具——投石器，都需要力量和技巧。

这组玩球的形象有个共同特点，即它们不是单独存在，而是在庆祝和祭祀场面上出现的。"原始人的跑、跳、游戏是祭神及庆祝时利用的。"恩格斯说："各部落有其正规的节目和一定的崇拜的形式，即舞蹈和竞技。"这些都说明，运动性游戏在原始社会中都是娱神的形式，是满足原始人娱乐、操练和祭祀的需要而发展来的。

岩画中非常引人注目的是那些"叠罗汉"。

原始人的叠罗汉

根据当时社会经济发展情况来看，不可能出现专门的娱乐性表演活动，岩画中人物叠立的形象多处于集体性的庆祝祭祀活动之中，所以它是祭祀活动的组成部分。这些"叠罗汉"的图形为技巧性体操的原始形象，其中下面支撑着上面人物保持平衡和稳定，是符合此类运动力学特点的，是真实而具体的运动形式的写照。这在三千多年前的原始人具有如此高超运动技巧，足令世人感叹。

相与连臂踏歌行

　　说起舞蹈，人们自然会想到舞台上的轻歌曼舞，而现今提出的舞蹈怎么会同体育活动联系在一起？回答这个问题，还得从舞蹈的产生说起。

　　我们知道古代民众是酷爱大自然的。对生产劳动的热情、对友情的珍惜，对神灵的礼赞，对胜利后的喜悦，常常是通过歌舞和音乐来表达的。在《诗序》中记载："情动衷而形于言，言之不足，故嗟叹之；嗟叹不足，故歌咏之；歌咏之不足，不如手之舞之，足之蹈之"。

　　由于原始人类也要受到生理规律支配，要活动肢体，要表达喜怒哀乐思想感情。因此，常以一些肢体屈伸活动来调节生理上不适及满足心理上需要。在长期生活实践中，随着智力发展，人类认识到某些"本能"的肢体活动，对身心有好处，便把这些活动组织编排起来，形成一种较有规律的运动。古人就称之为"舞"，实际上这种"舞"即是萌芽状态的体育活动。所以古人说："乐心内发，感物而动，不觉手足自运，欢之至也，此舞之所由起也"。所以说，原始古代的舞蹈是一种满足身心需要的一种"本能"活动。它同祭祀、娱乐、军事活动混沌在一起，只能说这种舞蹈具有体育性质的身体活动。

　　舞蹈主要来源生产劳动，但它又与人对自己情感的表达和模仿自然的心理有关。在原始社会世界各地出现多种形式的舞蹈：

　　娱乐性舞蹈——主要是娱身娱心的体育娱乐活动。

　　古希腊、罗马的神话和传说中充分反映了古代原始人类的娱乐活动情况。古希腊人认为大自然的一切现象都是由神主宰的。他们把自然力人格化，在他们看来神和人一样有七情六欲，有喜怒哀乐。在传说中，说到奥林匹斯山每个神都拥有自己的宫殿。每天清晨，当奥罗拉用玫瑰色的手指打开天门放出阳光时，奥林匹斯山众神就会集合到他们首领——宙斯的宫殿里来，他们犹如处于永远不散筵席之中，满面红光，长着棕色环形鬈发的阿波罗为他们弹奏竖琴，悠扬悦耳的乐声使他们如醉如痴，美丽的卡里忒斯，穿红戴绿，在草地上、在树丛间翩翩起舞……奥林匹斯山上宙神殿，天天如此，而且有专管歌舞的女神。

这个传说在一定程度上反映了原始人们的生活和欢快地载歌载舞的娱乐情景。

在我国青海省大通县上孙寨发掘一个新石器时代的陶盆，盆的内壁上有三组舞人形象，他们手牵手，整齐地翩翩起舞。从这些形象可以判明，原始社会以舞蹈形式出现的身体活动，多是喜庆丰收、欢度节日时，常常是以手舞足蹈来表现的。

古代舞可以分为：

战争舞蹈：原始人类战争的再现，同时也是他们对在战争实践中形成军事技能和击技动作的操练形式。原始人类通过舞蹈这种身体活动形式对下一代进行教育。如佤族岩画中所表现的舞蹈。在图中，表现了战士们手持牛角、盾牌、木棒、长矛、弓箭在跳舞，值得注意的是儿童跳战争舞蹈的形象，这是对下一代进行军事和体育教育的萌芽。

祭祀舞蹈：原始人类崇拜神灵的一种舞蹈。它是向保护神或先祖祈祷以求打猎成功或者打猎归来，为了酬谢神而举行的。

狩猎舞：它是原始人类表现狩猎生活的一种舞蹈，或满足猎物成功后的喜悦心情的需要，或做狩猎前的模拟训练，多模仿动物。生长在北极的爱斯基摩人，为了猎取海豹，就模仿海豹动作接近猎物，这就是海豹舞的由来。类似情况还有澳大利亚的"鸵鸟舞""犬舞""蛙舞""蝴蝶舞"以及"袋鼠舞"等等。

我国原始社会至整个古代社会，各地域、各民族广泛盛行舞蹈，最初的"武舞""文舞"到流行于少数民族的各种舞蹈，在某个历史时期发展到极盛阶段。如在中国古代江南地区参加迎春歌舞的人，竟然数以十万计，袁宏道的迎春歌对此有详尽描绘：

东风吹暖娄江树，三衢九陌凝烟雾。

白马如龙破雪飞，犊牛碾水穿香度。

饶吹拍拍走烟尘，耀眼靓妆十万人。

罗额鲜明纷彩胜，社歌缭绕簇芒神。

绯衣金带印如牛，前列长官石太守。

乌纱新缕汉宫花，青奴跑进屠苏酒。

采莲舟上玉作幢，歌童毛女白双双。

梨园古乐三千部，苏州新谱十三腔。

假面胡头跳如虎，窄衫绣裤捶大鼓。

金莽缠身神鬼妆，白衣合掌观音舞。

观者如山锦下属，杂音谁分丝与肉。

舞蹈在古埃及十分流行。埃及公元前4000年前，出现了奴隶制国家。公元1500年左右达到极盛。尼罗河孕育了灿烂的古埃及文化。埃及具有开展体育运动良好条件。古埃及人创造了丰富多彩的体育活动。从法老、贵族陵墓和神殿的绘画和雕刻等文物中，为我们提供了丰富的体育文化见证。特别是舞蹈在上层社会中非常流行。当时就有一批类似专业舞蹈演员和侍女。她们舞技娴熟，而且常常近于裸体表演。

以舞疗疾，这是华夏首创。中国古代人民从实践中总结出用类似舞蹈的动作向疾病作斗争，并形成了"消肿舞"完整套路。据古代文献记载，大约在帝尧时期发生20多年大水灾，人们聚集在高地上，簇拥在山洞里或者巢居在树枝上，缺少必要的身体活动，再加上阴冷潮湿的空气，导致筋骨滞着，双腿肿胀、行走不便，给人们造成了极大痛苦。这时有一个叫阴康氏的人，经长期对生活实践的观察，创造出一套活动肢体的健身操通过身体活动，减轻病痛，这就是上古时期有名的"消肿舞"。

在古代中国西周时期，统治阶级要求贵族子弟从入学儿童到青年，都要求学习"乐舞"，13岁学习文舞，文舞持羽篷（古乐器）以昭其德；15岁开始学武舞，武舞持干戚（兵械）以表其功；20岁则进入综合性大舞（战阵演练）。可以看出，这时的学校教育是把舞蹈教学贯穿整个教育过程。通过乐舞教学，一方面贵族子弟得到身体锻炼，强健身体、防治疾病，掌握镇压奴隶的军事知识；另一方面又通过繁琐而严格的规则，使贵族子弟受到"礼"的教育，从而能维持统治阶级内部秩序。

在我国古代，舞蹈不仅是教育的重要内容，而且也是练兵方法。据说尧舜时期，有苗氏不尊号令，禹便率众讨伐，东征西杀忙了几十天，都未征服他们。于是禹便把军队集中起来，操练"干戚舞"，然后开往前线，当着苗氏反复演练，从而在精神上摧垮了苗氏，结果并未开战就征服了苗氏。干，指盾牌；戚，指斧头。干戚舞就是拿着兵器的舞蹈。

我国古代许多体育活动都被称之为"舞"，例如舞剑称之为剑器舞，爬竿称为竿舞，翻筋斗称之为"筋斗舞"等，只是到了后来，部分舞蹈活动才逐渐专业化。

儿时的传说

神话，可以说是古代最早的文艺作品。文艺是人类社会生活的反映，体育活动是人类社会生活的一部分。因此，世界各国的文艺中都有不少反映体育活动为内容的作品。神话不是人脑凭空臆造的，而是社会生活的一种反映。

在原始社会，那时生活条件严酷，迫使人不断地改进体力和智力。人们在社会生产和生活中，发展了走、跑、跳的能力。二三十万年前的北非猿人，与鬣狗、犀牛、狮子和剑齿虎等凶猛野兽伴生，在同猛兽作斗争中锻炼了很强的自卫能力。原始人在长期的采集和狩猎生活中，发展起来的体能和技巧比现代一般人强得多。这在古希腊和我国神话传说中有鲜明的反映。

传说古希腊宙斯的女儿阿尔忒弥斯有这样一段故事：阿尔忒弥斯是掌管狩猎的山林之王，她喜欢追捕猛兽，她经常坐在两头牝鹿拉着的车子，手执金鞭，驰骋于山间原野，水泽仙女们在她身边前呼后拥，猎犬在前头，她追鹿、逐山猪，她对这些野兽从来都是箭不虚发……。虽说，宙斯的女儿希望永远保持贞操，但她并非不懂爱情，据说，她曾经天真无邪地强烈爱慕过体态匀称的健美猎手俄里翁。正当决定要嫁给他时，却遭到她弟弟阿波罗的反对。阿波罗为了拔掉这个肉中刺，采取了残忍手段，一天，俄里翁在海上游泳，当波涛汹涌之时，他能随之起伏，轻松自如地舞动在波峰浪谷之间，一会游得挺远，露出水面的头只剩一个小小模糊黑点。这时，阿波罗佯装怀疑姐姐的箭术，采用激将法，说阿尔忒弥斯无法射中那隐约可见的黑点，阿波罗这句话刺痛了她的自尊心。她立即弯弓搭箭，"嗖"的一声，利箭就往远处黑点飞去。她万万没想到，她射中的远处黑点正是她心上人。对于俄里翁的死，阿尔忒弥斯痛不欲生，宙斯被她对俄里翁的深情所打动，同意让俄里翁变成猎户星座，俄里翁在天上过着美好生活。当夜晚天空无云，海上风平浪静时，人们经常听到他的猎犬在天上吠，阿尔忒弥斯则举着火炬紧跟其后，在他们经过的时候，其它星星都赶快让路。

这个神话故事反映了原始社会人的强健体魄和相当高超的射箭和游泳等技能。也反映了古希腊传说英雄内心世界同普通人没有多大区别。

在中国最早的神话集是《山海经》，其中三段神话是以体育活动为内容的。这就是《夸父逐日》、《共工头触不周山》和《羿射九日》。

《山海经·大荒北经》："夸父不量力，欲追日影逮之于禺谷，渴欲得饮，饮于河渭，北顾大泽，道渴而死，弃其杖，化为邓林"。

《山海经·海内经》："共江之臣曰杨柳氏""昔者共工与颛顼争帝，怒而触不周之山，天维绝，地柱折"。

《山海经·海外南经》："羿与凿齿战于畴华之野，羿射杀之"。

由《山海经》及其后书籍演变的神话，塑造了三个体育选手——长跑、角力、射箭的英雄。夸父不自量力，但他终于在禺谷追上了太阳，虽然口干而死，并不是无谓的牺牲，他把膏血献给了大地变成了江河，连手杖也变成了桃林。共工虽然被颛顼打败了，但他一点也没有奴颜婢膝的样子，他宁死不屈，要与敌人同归于尽，他用头触倒了不周山，连天也塌下半个。羿是成功者，他用神射的技术，射杀了坏人、毒蛇猛兽和天上的太阳神，为人民除了害。但在后来演变的神话中，羿的个人生活是痛苦的，他的心爱门徒逢蒙背叛了他，他的爱妻嫦娥抛弃了他，他在为民除害的时候，忘记了个人痛苦。

以体育活动为内容的三则神话，人物性格鲜明。夸父、共工、羿，是历代中国人民所敬仰的英雄。文艺创作的源泉来自生活，如果古代没有长跑、角力和射箭，就不可能以此题材创作神话。夸父逐日是艺术夸张，人怎能同太阳赛跑，又怎能追上太阳，但在古代生活里有长跑，也确有在长跑中有非凡才能的人。这种情况，可以从几百年尚未脱离原始社会生活的民族中得以印证：我国明清时，台湾岛上居住一些原始人，从事农耕狩猎，他们的皮很厚，赤脚在棘刺上行走如履平地，跑起来既快又远，速度不亚于奔马，一天能跑300多里。

共工以头触不周山当然也是艺术夸张，人的头怎能同石头相撞，但古代确有以头触人的，至于羿射九日中射箭更是在古代很兴盛的体育活动。以上三则神话都给我们探索古代体育留下了重要的线索。

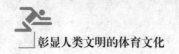

从尼罗河中走来

"埃及是尼罗河的礼物"这是古希腊著名历史学家希罗多德的一句名言。事实就是如此，没有尼罗河就没有这个文明古国；没有尼罗河也就没有埃及古代人民对游泳运动的最早的精通。

尼罗河穿过非洲东北部，全长6600公里，它流经埃及的那一段占全长六分之一。每年，当尼罗河发源地埃塞俄比亚山区进入雨季时，尼罗河水上涨，从7月中旬开始，河水逐渐淹没了整个盆地。11月末河水退去，留下肥沃的淤泥，仿佛是大自然给埃及的土地施一遍肥。虽然，埃及是终年少雨地方，但靠着尼罗河，人们在湿润肥沃土地上种庄稼，发展生产，使这里成了产生古代文明的一个摇篮。尼罗河孕育着埃及，埃及人民的生活离不开尼罗河，他们要乘小船在沼泽地打鸟、捕鱼、猎河马，要利用尼罗河灌溉。这样的自然环境，必然使古代埃及人们熟悉水性。创造出征服河流、沼泽的方法。特别是古埃及长期战争的需要，所以水上泅渡、游泳、水上救护等技术方法掌握和发展得最早。何以见得？请先看一看三千年前一幅浮雕——《营救落水者》。这幅浮雕保存在阿拜多斯的拉美二世祭奠中，它记录了著名战争卡迭石之战战役中发生的事：赫梯人在埃及人追赶下正逃过奥龙特河的情景。

古埃及第十八王朝的法老图特摩斯三世统治时，进入全盛时代，领土横跨西亚和北非，并迫使周围许多国家，包括赫梯向埃及纳贡。两百年后，约公元前1304年，法老拉美西斯，古埃及的国王避讳叫名字，一般称法老，法老原意是"大的房屋"。拉美西斯继续奉行图特摩斯的扩张政策，一心想重建埃及盛世。他的第一个目标是讨伐一天天强盛起来的赫梯国。

公元前1312年，拉美西斯向叙利亚进军，与赫梯会战于卡迭石，这就是有名的卡迭石战役。这场战争旷日持久，双方多次交战，互有胜负，继续了16年，终于在公元前1296年签订了和约，这是世界历史上第一个国际条约。翻开双方历史，都说自己是胜利者，尤其是统治埃及达60余年，被称为"最大的法老"的拉美西斯二世，特别吹嘘这次与赫梯人的战争。几乎所有他建造的纪念物，都雕有著名的卡迭石战役的画面和铭文。这些艺术品生动地再现了古代埃及人的生活，为我们提供了宝贵的文物。从这幅位于拉美西斯二世葬祭殿二中庭中东壁浮雕《救落水者》，我们可以看到赫梯人在埃及军队追赶下慌乱过河的情景：战车乘马、士兵都在奔向对岸。马生来就会浮水，而士兵们的水性却有很大不同。水性优秀者可以援救同伴，另一些人用不同姿势在前进，不会水者正在挣扎，有的已漂浮待毙。值得注意的是，这里显示出几种游泳姿势和援救手法。左上方那个似乎在泳爬泳，下面那个采用俯泳双手向后划水已至体侧；而左下角站着向后看的人，好像在踩水，最珍贵的是，这里记录了救活窒息者的方法，在岸上正把一个士兵倒提着控水。另外，这个浮雕所画人物大多好似女子。这也是极其珍贵的。在古埃及人心中，体育的地位较高，各种活动都由专门女神专管，妇女享有同男子平等法律地位，这极有利于妇女参加体育活动，她们还最喜欢游泳。浮雕所刻画的女子营救和泅水形象这同古埃及当时历史史实相一致的。女子参加体育锻炼同男子平等，这在古埃及应是最早实行的国家。

3000年前，古代埃及人凭着想象把援救落水者情景雕刻得栩栩如生，可想见当时埃及人游泳和营救技术已达到相当高的水平。据历史记载，古埃及人民在当时广泛流行游泳运动，特别是埃及妇女参加游泳活动十分广泛。有的私人家还有游泳池。埃及人在天文学、数学、医学、建筑学等方面，在古代史上是处于领先地位。那么也可以说，古埃及人在体育文化方面也处于领先地位，特别是水上运动，古埃及人对其发展做出了重要贡

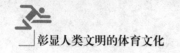

献。埃及是尼罗河的礼物，古代高超的水上运动技巧也是尼罗河的礼物。

《摩呵婆多罗》

两三千年前大圣人毗耶娑创作的长诗《摩呵婆罗多》讲述这样一个故事：

古代印度半岛上有个呵国，国王生来就是瞎子，国家大事全由他弟弟处理。这个国王有一百个儿子，组成了一个家族——俱卢族。太子就是俱卢族的首领。国王的弟弟有五个儿子，也组成了一个家族——班度族。

国王的弟弟死了以后，班度五兄弟就归老国王抚养。老国王派了很好的老师教育他们，他们也非常努力地学习文化，刻苦进行武功训练，五个兄弟个个武艺高强，遭到了俱卢族兄弟的嫉妒，想方设法要害死他们。

"兄弟们，父王已经在清静的地方造了一座奇特的树胶房子，你们就到那里去住吧！"太子狡黠地对班度五兄弟说。

班度五兄弟无法推却，只好离开都城。当太子得知他们住进了树胶房子后，马上派人去放火。树胶房子最容易着火，一下子就烧得精光……

几年后的一天，朝廷上热闹非凡。老国王亲自接受群臣的朝贺。太子更是兴高采烈，心想，这下子俱卢族可以独占江山了。正在这时，侍卫上来报告说，盘国国王的五个女婿前来拜见，老国王下令迎接他们。大家一看原来就是班度族的五兄弟。

这是怎么回事呢？

原来，当太子派人去火烧那座树胶房子的时候，有人把这个消息通知了班度五兄弟。他们得知后，马上从地道里逃走。五兄弟逃进了森林，风餐露宿，到处流浪，过着非常艰险的生活。后来，他们到达了盘国。

盘国的首都正在举行招亲大会。印度半岛上许多国家的王子都来了。盘国的国王指着一张强弓，当众宣告说："谁能拉开这张强弓，并且射中靶子，我就把公主嫁给他！"各国的王子一个又一个走上前去拉弓，但是没有一个人能拉开它。

"我试一试！"一个班度兄弟跳进了比试场。他一伸手，就把强弓拉得满满的。"飕"的一箭，正好射中目标——一条旋转着的鱼的眼睛。

"好！""好！"全场一致欢呼。公主亲自把花冠戴在这位班度兄弟的头上。按照当时的风俗，五兄弟都做了盘国国王的女婿。

班度五兄弟有了盘国做坚强的后盾，精神焕发地回到呵国。呵国的老国王只好把他一半的领土分给他们。这时，太子出了一个坏主意，全把荒凉的土地给班度族；而他们俱卢族自己，则占有了都城周围的富饶地区。

就是这一片荒凉的土地，太子也舍不得给班度兄弟。他出了一个坏主意，引诱班度兄弟做骰子戏，他指着骰子说："谁输了，谁就得流放12年，而且第13年还不能被别人认出来。否则，还得再流放12年！"班度兄弟老实地答应了，伸手一掷骰子，结果输了。五兄弟只好到森林里去过12年流放生活。

期限满了，五兄弟改换了衣衫，悄悄地走到了另一个国家，在王宫里干活。他们装扮得非常巧妙，以至没有一个能认出他们来。又是一年过去了，他们就派使者回到呵国，要太子履行13年前的诺言，归还他们一半领土。

太子断然拒绝了班度五兄弟的要求，一场大战终于爆发了！俱卢族联络了许多国家做盟友，班度族也联络了许多国家做盟友。差不多印度半岛所有的国家都参加了这次战争。

战争进行了18天。俱卢族和他们盟军的18支军队全部被击溃。老国王的一百个儿子也被杀死了99个，只有太子逃脱了。班度五兄弟紧追不放。"啊！前面是一个大湖！"太子懊丧地望着浩荡的湖水发愁。他忽然心生一

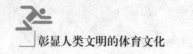

计，立即纵身跳进水里。

"人到哪里去了？"班度五兄弟在湖边寻找着。"咦，这是什么？"有个兄弟见到湖面上有一根芦管在摇晃着。原来，太子嘴里衔了一根芦管躲在水里，用它来进行呼吸。

"胆小鬼，躲在水里装蒜！"五兄弟在湖边用种种刻毒的语言来羞辱太子。

"好，我跟你们决斗！"太子突然从水里冒出来，爬上了岸。决斗的结果，太子终于被杀死。班度兄弟割下了太子的头颅，喝了他的血。

俱卢族战士决心为太子报仇，但是想不出好的办法来。他们睡在大树底下过夜，忽然被鸟叫惊醒。原来，是枭鸟袭击了乌鸦的窝，把窝里的乌鸦全部啄死了。"好！我们马上干！"他们受到了这个启发，连夜袭击了班度族的军营，把睡在帐篷里的班度族战士统统杀死，只有五兄弟逃了出去。

第二天，五兄弟回到了战场。他们看到地上成千成万的尸体，血流成河。这是多么可悲的惨状啊！他们想到兄弟家族之间的自相残杀，给全印度带来了多么严重的灾难。于是，他们决定与俱卢族讲和，化战争为和平，化仇恨为友谊。

火葬开始了，柴火一堆堆地高架着。战死者的尸体一具接着一具燃烧。火焰一直冲向天空，它象征着贪婪和冤仇统统付之一炬……

长诗《摩呵婆罗多》反映了古印度各阶层广泛的生活面貌，可以说是一部印度古代社会的百科全书。它也在一定程度上反映了古印度人民体育娱乐生活历史面貌。长诗中班度兄弟正是印度人民正义和理想的化身，也是人民崇尚的力大无穷的运动英杰的化身。

古印度河流域文明中体育娱乐活动有悠久的历史。公元前4000—5000年，印度河流域的发掘证明，那些人们存在过各种骰子戏，象棋活动，喜爱游泳，当时有哈拉帕游泳池39尺长、宽18尺，深8尺，用石膏和石灰砌成的。这个游泳池还备更衣室和看台，有良好的排水道，容纳5000观众，游泳技术也有一定水平，各种姿势包括潜水技术，有的人有较高水平。到了咤时代，骑马赛车，射箭和技巧舞蹈运动很盛行。健身娱乐是教育的一个组成部分，从幼儿开始学练健身呼吸、瑜珈、射箭、剑术、举重等。

上述古印度人民的体育生活情况，在长诗中都有一定程度的反映。

金字塔下的法老体育

从公元前3100年至公元前332年马其顿王亚历山大征服埃及为止，这2700年，是埃及历史上的"法老年代"，一共经历了31个王朝。当古埃及十八王朝当政时期，出现一位武功卓著的法老，他叫吐特摩斯三世，他多次发动大规模的侵略战争，北征地中海东岸，西侵利比亚，南犯努比亚，建立起地跨非亚两洲空前强大的军事帝国。古埃及社会等级森严，各种职业都是世袭的。吐特摩斯三世老年得子，当他已年迈苍苍的时候，太子阿门诺裴斯还很年少。这个年幼的太子长得伶俐聪明、眉清目秀，健壮好动，特别喜欢做各种运动，尤其喜欢到王宫马厩里骑上马顽皮地耍弄玩。朝臣们怕他被马伤害，就一面劝阻太子，一面禀报国王：

"陛下，太子年幼，经常骑马，怕有危险，请速制止他吧！"

法老吐特摩斯稍微沉思一会说："不要限制太子，这个孩子忘却了肉体的快乐，正集中精力干着英勇的事业，这乃是神的意志。"

国王说完并派另一个朝臣官员亲自给王太子挑选一匹骏马，还要给他请一位驯马师教他驯马。

太子阿门诺裴斯得到一匹好马，并热衷于骑术和驯马。经过一段马厩生活的磨炼，他终于成为一位出色的骑手。

吐特摩斯法老为何不劝阻太子不要再骑马，反而支持和鼓励王子骑马呢？后来一法老断然地回答："太子在宫里，有母后娇生惯养，朝臣阿谀奉承，官人侍候享乐，这样的生活怎么能培训出未来勇敢的法老？"

阿门诺裴斯王子经过在马厩一段时间的磨炼并掌握了出色骑术后，法老毅然让太子离开宫殿，去学校就学。将儿子托付给一个退休的武将，令其太子学习众多武艺，特别是学好射箭。阿门诺裴斯在这个将领的教导下，操弓习武，勤学苦练，几年之后练得身强体壮，武艺超群，所向无敌。

在赛跑中，他两脚生风，快步如飞，谁都赶不上他。在划船比赛中，他站在200人划的大船尾上，甩开粗壮的臂膀，奋力摇着20英尺长大橹，催舟猛进，船刚刚进半英里，其他船手就气喘嘘嘘，而他却面带笑容，毫无倦色，把大橹摇得更加有力。船胜利到达3英里处终点，他这个强健的橹手还有余勇可贾。

阿门诺裴斯的箭术练得更为精湛，他在设有四个间隔各20英尺的铜靶的演武场上，从疾驰的战车上瞄准，能够箭箭透靶。阿门诺裴斯不仅箭射的准，而且开弓有力。为了检验功的性能，他曾一气拉开过300张。他最爱弓箭，身边常带一张强弓，操练到老，死时还以之殉葬。1889年，他的陵墓被发掘时，出土一张强弓，现保存在埃及博物馆里。他的这些超人的武功和业绩，在他的碑文中都有明确记载。

公元前1436年，吐特摩斯三世去世，阿门诺裴斯即位，这时他才18岁。他继承父业，武力称雄，曾多次远征，给埃及带来大批奴隶和金银财宝，保持了埃及的繁荣昌盛。

王位传至阿门诺裴斯三世，这是一个不问武事，只顾玩乐的法老，他沉醉于宫廷荣华富贵，过着骄奢淫逸的生活。在宫殿里拥有几百个美女，这个法老终日混在粉脂丛中，玩花弄草，招蜂引蝶。不过这时贵族子弟也要送到宫廷学校接受体育教育。未来的军官在军营中接受严格的身体训练和军事训练。内容包括摔跤、击剑、射箭和游泳。

在埃及人心中，体育和游戏活动地位较高。各种活动都由专门女神掌管。妇女和男子地位平等。妇女最喜欢球戏和游泳，有几位法老还组织过妇女赛跑。埃及的球类活动挺兴盛，在当时壁画上中有三种妇女球戏：一种是两人抛接，一种是两排人抛接，另一种是自抛自接。

法老还经常在宗教节日举行摔跤比赛。古埃及摔跤是站立式，禁止拳打脚踢。这些只能由埃及人和贵族获胜的比赛，显示出神和法老无上权威。

阿门诺裴斯三世沉醉于享乐腐化的生活，消耗了国力，荒废了朝政，加速了埃及衰落。他在位期间，埃及已不能再用武力维持在亚洲的统治。不过在当时仍然盛行各种游戏、狩猎和格斗等体育活动，这在古埃及宫廷壁画和墓画上都有明显反映。

角斗场中的军事体育

在一个秋末寒风瑟瑟的日子里，一群罗马战士赤着身体在练习跑步、攀登、撑竿跳和格斗。只见战士们个个气喘吁吁，满面流汗。可一旁的军官仍在不断喊着："要坚持！不准掉队！"

接着战士们脱去衣服下水游泳泅渡过河，过了河立即全副武装着装下水泅渡回来。每个战士全身湿透、寒气逼人，但你追我赶，却都坚持下来。他们精神焕发，不断高喊着："为了罗马，前进！"

这是公元前5世纪古罗马帝国进行军事训练的一个场面。古罗马人以重视军事教育著名于世。马克思、恩格斯都盛赞古罗马对士兵训练非常严

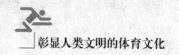

格。目的在于用一切可能的方法增强士兵的体力。

罗马人重视军事教育同斯巴达人相似，他们早在从原始社会向奴隶社会过渡的"军事民主制"时期，就养成强族重武的习俗。罗马人的婴儿刚一呱呱落地，就把他放在父亲的脚边，去裁决其生死。父亲如果慈祥地抱起孩子，就表示他有生的权利。但是，还需要把他放到河流里经受冷水冲刷的考验，体质强壮，经住考验的婴儿才能生存；父亲如果看到婴儿虚弱、畸形或家贫难养，则冷酷地置之不理，这就注定了他的死亡。这是古罗马的一种优生方法，它对强种强族起一定作用。

孩子在儿童时期就要受家庭教育，并开始学用武器，练习骑马和角力等军事技能。到了16—17岁的男孩，当时根据罗马共和国规定，必须接受军事训练，操练兵器，演习战术，锻炼体能。

罗马军队的训练，注意运用多种手段，注重其军事价值，强调通过体育培养实战需要的素质和技能。而不像雅典人那样通过体育追求动作协调和身体的健美。这样训练出来的军队，在战争中，常常处于以强凌弱的势态。如后来被征服的高卢人，由于沉湎酒食，放纵无度，身体变得笨重而肥胖，不能奔跑而又怕艰苦，一接触到强悍的罗马人就流汗、气促，很快精疲力竭，而成了强敌手下败兵。罗马之所以能由一个小城邦，经过几百年征战、扩张，变成了地跨欧、亚、非三洲的大罗马帝国，这同罗马军队成功地军事训练有直接关系。几辆车经常拥挤不堪，赛车场又为细沙铺地，松软难行，而且多急转弯，常常人仰马翻，比赛相当激烈而惊险。所以战车赛优胜者能荣获很大荣誉和巨额奖金。

公元前30年，罗马建立帝制，称为罗马帝国，在第一个皇帝奥古斯执政时，为了训练贵族子弟，建立一些类似青少年俱乐部组织，每个俱乐部都有一所体育馆。在那里由退休角斗士教青少年使用武器，还特别注重骑术训练，经常进行"特洛伊运动"，这种运动是按偶数编队的骑术训练，动作多而巧，难度又很大，时常有人坠马。一次，一个大政客的儿子从马上掉下来，跌伤了腿，皇帝奥古斯即下令废止了这项运动。

罗马军事体育起到了振奋武风，强兵兴国，维护奴隶主统治的作用。在帝国后期，随着政治、经济衰败没落，军队也逐渐腐败起来。他们不再进行严格军事训练，只热衷于举办豪华竞技活动。骄奢淫逸的生活使青年人意志消沉道德败坏，引起学者的关注。诗人尤维纳利斯提出："健全的精神富于健全身体。"教育家昆体良提出："紧张的智力劳动应当与休息轮流调剂，而最好的休息是做游戏。"著名医学家盖伦对职业选手的剧烈和过度训练提出批评。他认为："体育是既能锻炼身体又能使人心情愉快的方法。"

古代体育建筑

建筑是民族文化的表征之一，而竞技活动，特别是在古代的欧洲，又和舞蹈、音乐、诗歌、戏剧一样，是宗教文化的一个组成部分。因而竞技场总是和庙宇以及其他神坛连在一起。起始于公元前776年的古代奥林匹克运动会，就是在希腊奥林匹亚的"神区"里举行的。当时的竞技场既可供竞赛用，又能演出舞蹈或戏剧。这种"多利斯圆柱式"的建筑，在希腊文化发源地——雅典、埃琉西斯等地还留有遗址，公元前5世纪，由于角力学校的兴起，竞技活动逐步从"神"的束缚下解放出来。这时角力学校体育设施比较注重沐浴。

罗马人继承了古希腊的文化。拿罗马的大圆剧场来说，它建于公元80年，是一幢具有多利斯圆柱式、爱奥尼亚柱式和哥林多柱式特征的三层建筑，能容纳6万观众。为了防止日晒雨淋，部分场地还可用帘子遮盖。剧场从外部看四层，内部层次很多，它有80个出口，所有门都是拱形的。内部还有容纳千人的大浴池场，其中有冷、热、湿、蒸四种浴池，还有角斗、赌博、演剧等各种各样的露天娱乐场。这一辉煌的建筑艺术，直到今天仍吸引着建筑师们的兴趣。罗马的大竞技场，是个66000平方米的长方形建筑。

中世纪神权盛行，教会是反对体育运动的，因此在农民、行会中流行的民间舞蹈和竞技活动，只得在广场和草坪上进行，体育建筑因而走着下坡路。直到11世纪宫廷大兴骑术之风，统治阶级才又开始重视体育建筑。有的赛场终点，还修建起木质的观众席和栏栅。经历了一度沧桑，体育建筑逐渐向精致的方向发展。

18世纪初叶，欧洲的宫廷办起了骑术与剑术学校，这些学校建筑具有当时最风行的"华丽花型"式。这期间，城市的资产阶级和贵族，也修建了一些球房。球房除了玩球以外，还是社交活动的中心，以至后来演变成跳舞厅。现今欧洲的语言文字里，仍把跳舞厅称之为"球房"。

1811年，"体操运动之父"弗·路·雅恩（德国人）倡导体操运动，并在柏林附近修建了第一座健身房。健身房只用于体操，当时还谈不上什么建筑形式和风格。19世纪中叶，虽然"足球热"遍及英国，但也只有简单的场地和看台。

当法国皮埃尔·德·顾拜旦男爵在1888年发起恢复奥林匹克运动会以后，体育建筑又再次掀起了高潮。像斯德哥尔摩（1912年）、阿姆斯特丹（1928年）、墨尔本（1956年）、罗马（1960年）等奥运会的体育建筑，就一个比一个庞大。

后来，俄国、捷克斯洛伐克、匈牙利、德意志民主共和国、巴西、美国、澳大利亚等国，都拥有容纳十万观众以上的大型体育场。能容纳一万观众以上的大型体育馆，也不在少数。

随着新的建筑材料的出现和建筑科学的发达，体育建筑的结构也有了很大的发展。并出现了活动屋盖的大型体育场；利用塑料薄膜和气体静力学替体育场做了"伞"。体育馆的结构更是五光十色：圆形悬索结构、圆顶结构、网壳结构、马鞍形悬索结构、钢横架式圆项顶、钢砖穹顶、拱形结构……。除此之外，数学、物理学、生物学、心理学等也都逐步运用到体育建筑上。同时体育建筑还向着"多功能"的方向发展。

再拿我国的体育建筑来说，也是源远流长的。远在四五千年前，就有了球类运动，战国时期的"踢鞠"便是足球运动的"始祖"。这种足球游戏从一两个人开始，由一人场、二人场发展成比赛。从可考证的资料上看，公元前3世纪足球场就出现了，那时称为鞠域，多建于宫苑之内。唐代以后，马球运动兴起，宫苑内又筑起了马球场。这些建筑和罗马的竞技场一样，除供统治者娱乐外，还是操兵练武的所在地。

清代的体育建筑虽还没有人考证，但从历史发展的情况看，多是宫殿似的建筑为多，如少林寺建筑，到了半封建半殖民地的旧中国，虽然建了一些小型的健身房、足球场、田径场、跑马厅等等，那只不过是帝国主义文化侵略的产物和达官显贵们玩乐牟利的赌场。堪称"全国之冠"的上海江湾体育场，在1947年举办的运动会期间，看台倒塌，若干人无辜折骨，旧中国体育建筑的窳陋，由此可见一斑。

世界最早的空中园林

在今天位于伊拉克首都巴格达之南的广大土地上，上古社会曾有过一个极其强盛的奴隶制国家"巴比伦王朝"。巴比伦最发达时拥有人口700万，这在当时几乎是个天文数字。它的手工业非常发达，如织布、冶金、造船、建筑等等行业，全城比比皆是；尤其是对外贸易很兴盛，欧亚各国商人云集这里，用金属和木材交换巴比伦的食品和羊毛。巴比伦的城市建筑堪称当时世界上的第一流作品，巨大的宫殿、巍峨的庙堂、森严的寺院，举目可见。特别是高耸入云的"空中花园"，至今仍被史学家称为"世界七大奇迹"之一，目前尚无任何国家的空中建筑敢与它媲美！

夏日的巴比伦是十分炎热的。这里没有高山，也没有森林，太阳光毫无阻挡地辐射大地。好久没下雨了，热风吹裂了干燥的泥土，地里庄稼也开始枯黄了。灼热而干燥的气候给人们健康带来了严重威胁。但是当人们抬头遥望巴比伦城的时候，只见空中花木层层，翠绿欲滴，十分喜人。这是怎么回事呢？这就是被称为世界七大奇观之一的空中花园。

空中花园是怎么建造起来的呢？

公元前614年，巴比伦军队和来自伊朗高原的米堤亚军队联合起来攻打亚述，米堤亚军队以冲锋的战术首攻亚述城取得胜利，米堤亚王恨透了亚述人过去对米堤亚人的掠夺，下令士兵在亚述城焚燃、屠杀三天。亚述王派奸细混在巴比伦人中散布谣言说，亚述人和米堤亚已讲和，独得战争赔款，巴比伦王听了半信半疑。不久，米堤亚王请巴比伦王商议进军灭亚述大事。巴比伦应约而至。巴比伦王道：贵国公主，年方20，我的儿子24，我们两个联姻，永结友好，陛下意见如何？他想，如果米堤亚人不答应，那流言便是真有其事。哪知，米堤亚王一口应允。于是在战火间隙，巴比伦王子与米堤亚公主举行订婚仪式，促进了两国联盟。

公元前615年，巴比伦与米堤亚联合作战，节节胜利，终于灭亡了当时最强军事大国亚述。次年，巴比伦王去世。新国王尼布甲尼撒继位，新王登位第一件事就是将米堤亚公主迎娶过来，并立为王后。国王非常宠爱王后，可是这位王后一到巴比伦，只见一片平原，满地黄土，一派萧瑟景象，不觉生起病来。她日夜愁眉苦脸，茶不思、饭不进，本来非常美丽丰腴的公主，渐渐变得骨瘦如柴了。这一下可急坏了国王。国王关切地问："你为什么不乐？"王后说："我在家乡，一眼望去山峦起伏、树木茂盛、百花争艳，而在这却是一片黄土，连一块石头也看不到，我岂不成了笼中之鸟?"国王笑了:"这有何难,我叫人搬座山来好了,让你看到家乡 风光。"

国王立即召集大臣,叫他们去搬一座山来。国王一下命令,5万个奴隶被押到几百公里外,去开山采石,他们在皮鞭下,每天得完成一定采石量。数年以后,巴比伦城出现了一座高25米,边长120米的假山,玲珑奇突,十分美观。国王原以为这样会让王后满意,不料,王后见到山后大发雷霆道:"光秃秃的山有什么好看,为什么山上没有树木花草?为什么没有潺潺地小溪流水?"

国王连连答道:"对,对,好极了!山上该有树木花草、小溪流 水……。"大臣召开全国设计师,命令他们要使山石长出树木花草来。于是建筑师把假山分作上中下三层,每层铺上浸透板油的柳条垫,以防渗水。为了防止漏水,在柳条垫上,再铺两层砖头,上面浇上一层铅,然后上面培上肥沃的土壤。但是,树木需要灌溉,浇水成了问题,建筑师们在山顶安装了螺旋泵,从下面提水上来,水源用水管从幼发拉底河汲取。

空中花园里,还建造富丽堂皇的宫殿,城墙十分宽厚,上面是一条可供四马并行的大道,环城一周22.2公里,筑有三百多座塔楼。城墙分内外三道,中间隔着壕沟,全城有一百多座城门,它的门框、横梁和大门全部用铜筑成。同时国王又找来大批艺术师,在门墙和塔楼上雕塑野牛、狮子等大型浮雕570座。城内贯穿南北大道,两旁装有白色和金色狮子像,另外在用大理石砌成深不见底的贮水池,也可听到潺潺流水声。一切设备齐全。在假山的每层泥土里都种上奇花异木,一座葱葱郁郁活山造成了,远处看来就如同仙境。

国王兴致勃勃地陪着王后观赏,王后满意的说:"有点家乡味儿了!就叫它'悬苑'吧!"这悬苑也就是今天的空中园林之意。米堤亚公主从此兴高采烈,住在空中园林中的宫殿,每日逍遥自在,说也怪她的病也渐渐好了。

巴比伦城建造在幼发拉底河中游，今天伊拉克巴格达之南，地处交通要冲，被称为"上天的门户"。到公元4世纪，这座富庶的城市由盛转衰，直至化为虚墟。目前，它的遗迹已经被发现。人们从发掘出的遗迹中还可见到这座园林的宏伟和奇巧。它不但在世界建设史上具有重要意义，而且它还在人类改造自然、创造优美环境、注重人类自身身心健康方面给以深刻启迪。

西方不亮东方亮

公元476年西罗马帝国被日耳曼人灭亡，奴隶制社会结束。封建制度的形成、发展是这时期的主线。但是世界各国封建社会发展不平衡。当西欧在5世纪刚刚进入封建社会时，中国已走完了约1000年封建社会历史，到了唐代（公元618—907年）中国的政治、经济、文化科学、体育都走在世界前列。而西方欧洲却处于黑暗时代。经济衰败、捐税日增、货币紊乱，连土地都无人耕种。愚昧的神学崇拜与残酷的教会统治再加上封建领主的残酷压榨，使农奴当牛做马，苦不堪言。当时流传着这样一个歌谣：

领主、管家和监牢，

农奴世辈难脱逃，

领主要杀你的头，

管家就来把皮剥。

封建制初期，王权微弱，封建割据严重，教会乘机扩张势力，凌驾于王权之上。教会用蒙昧主义、禁欲主义两种精神武器统治和奴役人民，要人们信奉"全智全能"的神，甘做"不知不觉"的奴仆。它把从古希腊流传下来的体育文化、人文主义当做异端统统加以诋毁，使体育文化大倒退。公元394年，古代奥林匹克运动会被废止。教会还对爱好古希腊、古罗马体育的民众加以排斥和迫害。凡参加圆形竞技场竞技的教徒，一律不能领圣餐；角斗士如果不放弃自己的职业便不能受洗礼。甚至有的运动爱好者被教会以妨碍教会祭祀的罪名，被关进监牢。

文化毁灭，科学遭扼杀，人们被淹没在无知的荒野之中。欧洲成了一池污水，瘟疫由一个城市传到另一个城市。无数生命被夺去，然而人们临死还要祷告。当时的巴黎和伦敦都是些茅舍，房舍只有一个天窗透气。各城市没有一条完好街道，到处是污水横流，臭气熏天。夜行人手拿火把或灯笼。没有医院，学校中没有体育课，医学也被符咒和巫术取代。

教会推行禁欲主义，在社会上煽起一股苦行僧苦行修道之风。4世纪，在埃及开始出现修道僧、苦行修道之风。此风由埃及经叙利亚、希腊传入西欧。各种奇形怪状标榜而出：有的到沙漠中穴居，有的在坟墓或枯井里生活；有的坐在荆棘荒草之中，有的睡在湿地上；还有的数日甚至几十日不饮食，或者成年累月不睡眠等等。

在13世纪的意大利的一年秋天，发生这样一件事：

在意大利一个牛车道上，涌出一伙人在街上排着队行走，他们身穿单薄的破衣衫，蓬头垢面，一边走，一边用皮鞭抽打自身，有的抽打得皮破血流，遍体鳞伤，而他们口里还嘟囔着什么，对周围的一切好似视而不见……

道旁的几个好心人以为这是一伙"疯子"，就报告了官方人员。可是来个骑士士兵带着枪，竟把那几个好心的报告人抓走。这是怎么回事？

原来，这是在当地的一伙"鞭笞派"在街道上练功。这一派教徒为了禁欲苦修，惩治肉体以求灵魂得救。这一派的修道方法同体育锻炼是直接相抵触的，可以说水火不容，它是对体育的完全否定。然而，鞭笞派初兴于意大利，继而发展至德国，14—15世纪在欧洲许多国家盛兴。

西欧教会为进一步推行禁欲主义、苦行主义，在各地大兴土木，无论什么地方，人们都会发现，城镇村庄中最高的建筑是教堂的尖塔，最宏伟的殿堂是大教堂。教会在各个国家拥有三分之一左右土地。各地还建立许多修道院，修道院有很多条戒律。例如：不许说笑；每天要八次集合读经祷告；经常禁食守斋；不准参加文娱体育活动，身心健康受到极大摧残。

但教会的上层人物和王权统治者则是另一回事。他们要下面实行禁欲主义，而自己却恣情纵欲。许多高级神职人员和王公贵族玩弄鹰犬、游猎无度。当时养鹰已经成为一种风气和职业。有的豪门富家饲养300头鹰，雇佣500名养鹰人员。宫廷举办鹰展，竟被视为国家大事。后来有位学者讽刺这种贵族生活说："对于飞鹰走犬的嗜好不见得比铺满松香的鸟巢穴，更具有贵族味道。古人的躬耕陇亩将比现在这种无意义出没于深山密林更高贵些，这种游荡使他们自己更像野兽而不是像有理性的动物。"

破坏古代文化体育遗产，扼制民间体育发展，取消学校体育，煽起苦行修道之风；贵族纵欲无度，又使体育走向玩鹰弄犬的畸形，这使西方体育大倒退，这在欧洲体育发展史上是退步，是黑暗的一页。然而，就是在这时，东方的中国体育却十分兴旺发达。在西欧还不知道什么是足球和马球的时候，而中国早已开展了足球（蹴鞠）和马球（击鞠），而且，有女子足球和女子马球（驴鞠）。至于射箭、摔跤、技巧运动、武术、拔河等项运动在中国开展得更为广泛。

竞技和艺术的殿堂

当古奥运会成为希腊人最大的节日之时，古希腊艺术"诗歌、戏剧、音乐、绘画、雕塑、建筑等，也呈现一派繁荣昌盛的景象。此时，古奥运会与古希腊艺术，就像矗立在人类文明史上的两座高山，虽然各有各的巅峰，却是手拉手，肩并肩，交相辉映。

公元前444年，艺术家们已不满足于仅仅是再现体育的参与了，从第48届古奥运会起，他们开始亲自参加文艺比赛。当时参赛的有诗人、文学家、戏剧家、演说家，与古奥运会的体育竞技一样，文艺比赛的优胜者也获得一项橄榄桂冠。据记载，古希腊史学家格林多特参加了首次文艺比赛。比赛在雅典剧场举行，它设在城中一个山脚下，维持秩序的是手持木棒的外国奴隶，天还没亮，头戴花冠身穿各色鲜艳服装的人们就来占位子。当晨曦初露的时候剧场已挤满一万多人，这几乎是当时雅典公民的一半。整个剧场是倚山坡修造起来的。观众席位就设在斜坡的阶梯上，它的形象像一把扇子，呈半圆形。

乐队奏起了音乐，全场顿时安静下来。其实所谓乐队不过是两个乐师，一个吹着双管笛，另一个弹着竖琴，在他们奏乐的时候，一支由12人组成的歌唱队唱起了悦耳的歌声，舞台上没有幕，演员上台摆好姿势后，就开始表演。

格林多特最先走上台，他用铿锵有力的声音，朗诵了自己著作《历史》的某些篇章，受到观众热烈欢迎，他摘取了这个项目的桂冠。

戏剧比赛开始了，第一个是诗人埃斯库罗斯创作的《普罗米修斯》，它是根据一个神话改编的。自配音乐，自导自演。演出中观众不断爆发出

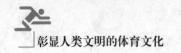

热烈掌声，人们被普罗米修斯这种大义凛然的精神深深感动……。

戏剧比赛后，还有其他艺术形式项目比赛，场面壮观，雅典人民沉浸在一片欢乐的海洋之中。由此可见，古奥运会推动了古希腊艺术的发展，同样，古希腊艺术又给古奥运会带来新鲜活力，更令人庆幸的是，古希腊艺术还为今日世界再现了古奥运会的场景。

以雕塑为例，大约在点燃第一支奥林匹亚圣火的同时，古希腊也从埃及学会了木雕和石雕大型人像的技术。不同的是他们将埃及人的呆立雕像，创造成运动的、健美的人体，如果说，是古希腊人的审美观念和审美理想促进了这一划时代的转变，那么古希腊奥运会则为这一转变提供了不可缺少的契机。

大家知道，裸体竞技是古奥运会最明显的特征之一，它体现了古希腊人对人体的崇尚和对完美人体的追求。于是竞技者便成为艺术家们最好的模特。古奥运会还规定，凡是在竞技中3次获得冠军者，可将其雕像永远竖立在阿尔齐斯神城。这样，不但体育英雄可以永驻人间，而且艺术家们也大展才华。流传至今的雕塑品依然熠熠生辉。比如雕塑的《掷铁饼者》、《刮汗污的运动员》、《武装赛跑的优胜者》等雕像，都是那个时代体育与艺术结合的精品。

除了雕塑，在很多古希腊瓶画上，我们还能看到有关音乐艺术的内容，那些竞技场上的长笛手，几乎出现在所有古奥运会所有的仪式上。无论是运动员出场、冠军领奖、优胜者绕场向观众致意，都离不开长笛手的音乐伴奏。大概那时长笛手吹奏的乐曲，也有固定场合的固定乐曲乐章。没有什么能比这些瓶画艺术品能够更形象地再现古奥运会的雄姿的。

恢宏的帕特农神庙、庄严挺拔的希腊石柱，令人联想到昔日的竞技场。帕特农神殿气宇轩昂，长70米，宽31米，整座殿堂用大理石砌成。整体结构严谨，92个壁面上有一幅长达200米的环状浮雕，浮雕上人物形象各不相同。建筑是凝固的音乐。帕特农神殿，向我们显示了古希腊人民的高超的建筑艺术水平和伟大的民族精神。

古奥运会与艺术的结合，是缘分，也是必然。

赤身之下的绿色装扮

每逢奥运年，高高飘扬的五环旗召唤着世界，奥运圣火之下，是全世界不分种族，不分性别的人们拼搏的身影，和平，友谊，进步之光照耀着世界。然而，作为现代人的你或许有所不知，在两千多年以前的古代奥运会上，却有着许多在今天我们看来颇使人费解，甚至是令人啼笑皆非的禁令。古希腊奥运会是禁止奴隶参赛的，而女子则更是连观看的权利也没有。禁止妇女参赛和参观的一个很重要的原因是，由于在相当长的一个时期内规定选手必须裸体进行比赛，这就是奥运历史上所谓的"赤身运动"。虽然今天我们看来这不免有些荒唐。然而，赤身运动却成为古代奥运会的一个大特色。那么古代奥运会缘何规定选手必须裸体进行比赛呢？据说在一次古代奥运会上，有一个身着狮皮的运动员在比赛中，狮皮不慎脱落，顿时赛场一片哗然。然而人们在惊讶之余却发现，赤裸的身体好像更适于运动，同时健壮的体魄在运动时显现得十分的美妙，于是便规定以后参加比赛时必须赤身。还有另外一种说法是，公元前724年第14届古代奥运会上，一参赛选手莫加拿城邦的奥尔会波斯在赛跑时，被突然脱落下来的"兜裆布"拌倒，竟然不幸丧命。鉴于此便规定以后参赛选手必须采用这种最特殊的，也是天然的服装——裸体进行比赛。因而从第十五届开始便出现了赤身运动。当然，上述两种说法都仅仅是传说。但裸体进行比赛确曾一度在古奥运会上风行，其主要原因首先与希腊人审美观有关。

试想，在遥远的古代，在充满着神秘色彩的古希腊奥林匹亚竞技场上，浑身遍涂橄榄油的古希腊人，在阳光下，其生辉的身躯是何等的威武和健美。尽管作为现代人的我们已无法领略到那充满神秘的色彩，诗一般美妙的画面，但我们依然能够从许许多多的出土文物及大量的古代雕塑精品中，感受到某些古代奥运会赤身运动的遗韵。

希腊公民认为，人体是最美的东西。艺术大师菲迪亚斯（约前490或485—前432年）曾明确指出："再没有比人类形体更完善的了。"因此，在古希腊的雕塑和瓶画等美术作品中，"美术家对人的周围环境并不感兴趣，他只描绘人物，描绘人物的活动，描绘他们活动行为中表情深刻思考与适当的措施。"这充分反映了古希腊人对人体的崇拜。而且，他们还认为，"人体的健美不是他的衣着或是什么装饰品，而在于他自身的美质。因此，所有参加比赛的运动员都需要裸露身体。"这一点是古希腊美术作品多采取裸体的形式和古奥运会盛行赤身运动的重要原因。

其次，古代奥运会盛行赤身运动与希腊人的宗教观也有密切关系。众所周知，古希腊是一个信奉多神教的国家，人们崇拜各种神礼，有着相当多的宗教活动。古奥运会就是为祭祀天神宙斯而举行的最大的宗教庆典。在古希腊人的心目中，宙斯不仅是天神，是"维持自然秩序者"，而且还把宙斯奉为"众神和万民的君主"。因此，在祭祀宙斯的仪式中，人们必然不遗余力地把最好的礼物奉献出来，这最好的礼物之一就是裸露的人体，因为他们"把炫耀赤裸的健美人体，看做是慰藉神明的至高无上的典雅活动"。另外，他们还认为"他们的祖先是美的创造者"。因此，在宙斯像前显示人体的健美，让天神再目睹一下他的创造物，自然也有感谢其恩赐的意味。这不能说不是赤身运动盛行的又一原因。

从古希腊的历史可知：在荷马时期（公元前12—前8世纪），就已经出现了裸体劳动。公元前8世纪的诗人赫西奥德，在炎热的收割季节教训人们："为了工作迅速，你得裸着身体去收割，假如您想一切都及时完成，而且日后您不至于像个叫花子似的沿门乞食，求人因恤。"拉斯洛孔博士也指出："裸体始于荷马时代。当时，在河边和海岸操作时，有很多活（如排水中障碍物和水中搏斗等）穿着衣服干极不方便。"

由于古希腊人具有"神人同形同性"的宗教观念；并且认为神比人更为完美，是不需穿戴的；又因为希腊人要追求神一样的生活，因此导致了对裸体的崇尚和赤身运动的出现。

奥林匹亚出土的青铜小雕像《赫拉克勒斯与萨提洛斯》（有的译为《赫克里斯与山陀儿》），是荷马时期末叶的作品。其中赫拉克勒斯是希腊神话中最负盛名的英雄和大力士，他曾完成了常人无法完成的12件伟业；萨提洛斯则是希腊神话中最低级的山林神，常被描写成懒惰、淫荡的半人半羊状的怪物。这两个神像均为赤裸，看来此时神是"不需要穿戴"的观念已经形成了。

拉斯洛·孔博士指出："希腊人最初崇尚的是速度，后来则是力量。"古希腊早期的运动竞技，在很大程度上是力量的显示。在早期的竞技中，"从参加者的装束看，他们都是当地统治阶级的头面人物。但是，显贵的竞赛不仅仅是公开的表演，而且也是为了炫耀统治者的手段、力量、灵活和勇敢精神，以此表现他们比普通人高贵。"这些显贵们为了显示自己力量，维护自己的统治地位，在竞技中模仿神的形象而进行裸体竞技，是完全有可能的。

再则，从古希腊美术作品的总体发展来看，裸体神的形象出现在裸体运动员的形象之前，似乎也能说明二者具有渊源关系。

公元前6—5世纪，是古希腊体育的繁荣时期，在这时候，"人们摆脱了宗教的桎梏，开始在更高的水平上认识自己潜力。"他们在崇拜神的同时，却承认人的伟大与崇高，相信人的智慧和力量，重神人所生活的现实世界。此时期运动竞技，尽管还蒙着宗教和军事的面纱，但实际上，对人体力量，技巧和健美的追求，已经成了希腊人生活理想的重要组成部分，对神的崇敬渐渐被淹没在对优胜者本人的崇敬之中了。因此，美术大师菲

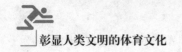

迪亚斯才发出了"再没有比人类形体更完善的了"的感叹。

以古希腊文化艺术发展史来看,人们称公元前6—5世纪是古希腊文化艺术"力的时代"和"美的时代"。反映在当时的美术作品中,神与人的形象大都采取裸体的形式。并且刻画得健壮有力、优美和谐。如著名的《掷铁饼者》雕像等;反映在体育运动的追求上,"希腊人最初崇尚的是速度,后来则是力量",其后又变为健美,如"在柏拉图的《戈乐吉》中,一位体育教师说他想使公民首先变得漂亮,然后才是强壮有力"。

在崇尚人体健美观念的影响下,赤身运动也随之兴盛起来。如在雅典和斯巴达的教育中,规定少年儿童要经常进行裸体练习。据说其目地是为了"使教师能直接看到少年们的身体,并能了解他们由于运动而对少年们筋骨发育所引起的变化,以便更有效地指导他们进行锻炼"。另外,在成人活动的体育场中,也大都设有更衣室及淋浴室、涂油室等,运动员练习时,常将衣服完全脱去,此种裸体习惯,当时视为最有意义。可见当时的赤身运动已比较普遍了。因此有人认为这一时期是裸体的黄金时代。这从另一个方面说明当时的奥运会中,赤身运动也一定是十分盛行的。

公元前4世纪以后,赤身运动随着古代奥运会的逐渐衰落也渐渐消失了。这主要原因是因为异族的侵占而带来的传统观念的改变。公元2世纪以后,基督教统治了包括希腊在内的整个欧洲大陆。大家知道,基督教宣扬"肉体是灵魂的监狱"、"身体是恶魔"。与希腊人"神人同形同性"及崇高人体健美的观念格格不入。因此,赤身运动必然随之逐渐衰落,以致销声匿迹,成为历史。

坚如磐石的体育格言

在古希腊阿尔菲斯河岸的峭壁上镌刻着这样的名言："如果你想强壮，跑步吧！如果你想健美，跑步吧！如果你想聪明，跑步吧！"

在古希腊传说中也还有阿塔兰同她的情人赛跑的故事以及马拉松战役的故事等等。可见，当时古希腊人对跑步健身的地位和意义的认识是深刻的。但是，古希腊人是不是在运动内容上就只限跑步？特别是在古奥运会一千年历史中，到底出现过哪些竞技内容，历来是人们关注的问题。长期以来，人们只能从当时留下的诗歌和美术作品中寻找线索。19世纪，在埃及名城奥克舍林霍斯出土了一份写在纸莎草上的名册，它记载着公元前3世纪的75—78届、81—83届奥运会的优胜者的名字和参赛项目，这使我们得以一窥古奥运会主要竞技项目的概况。

赛　跑

在赛会上出现的赛跑项目分短跑、往返跑、长距离跑和武装赛跑四个种类。赛跑按"斯泰德"（stade）计程。一个斯泰德为192.25米。

短跑是奥运会最早的项目，也是最初唯一的项目。它的跑距为一个斯泰德。

往返跑这个项目在第14届奥运会上出现，即沿着场地跑一个来回，因此跑距为两个斯泰德。

长距离跑的跑距为7—34个斯泰德，约1356—4614米。提起长跑，人们常常误解为现代马拉松跑起源于此，实际上，长跑早在马拉松战役前就已出现，它在公元前720年的第15届奥运会上出现。

武装赛跑据说起源于伊利斯人对阿凯亚人的战争。当伊利斯在战争中获胜时，欣喜若狂的伊利斯战士急不可待地身着戎装跑到奥运会赛场向同胞们报捷。从此，人们为了纪念这事，在公元前520年的第65届奥运会上把武装赛跑列为竞赛项目。武装赛跑的参加者均身着铠甲、头戴盔帽、腿裹护胫、左手执圆形盾牌，跑4个斯泰德，即两次往返跑，这的确是一个体力的比赛，非膀大腰圆者不能胜任。难怪这个项目禁止少年选手参加。这个项目的优胜者被誉为希腊"最优秀的人"。

五项竞技

是指赛跑、跳远、掷标枪、铁饼和摔跤五项综合运动。相传，它起源于斯巴达，公元前708年的第18届奥运会上被定为比赛项目。

五项竞技中的赛跑与单项跑无什么区别，但跳远却大有学问：跳远的沙坑是一个长约15米的表面被挖松的大土坑，不仅用于跳远，同时还作摔跤场，因此，它没有踏跳板。跳远比赛是在笛声伴奏下进行，笛声一起，比赛开始，笛声一落，比赛结束，同时，优雅的笛声还可激发运动员的情绪和掌握运动节奏。

跳 远

分立定跳远和助跑跳远两种：助跑跳远时，运动员均手持1.5—4.5公斤的石制或金属制哑铃。据说，摆动它能增加距离和保持身体的平衡，使双脚同时落地。

铁 饼

是五项竞技中最能体现竞技者优美体姿的一项运动，难怪古希腊雕塑家愿意为之献出自己的才华。

最初的铁饼是一块中心厚，四边薄的扁圆形石饼。大约在公元前6世纪，才出现了我们今天意义的铁饼。从发掘的15个铁饼看，当时的铁饼重量不一，最重的有15磅，一般均在3—9磅。我们现在使用的铁饼重量和直径，就是根据这15个古代铁饼的平均值制作的。

标　枪

早在原始人的狩猎活动中，就已发挥出了巨大作用。不过，它的体育价值，在奥运会上才充分体现出来。

奥运会上使用的标枪用木头削成，与人等长，约食指粗。标枪重心附近缠有十厘米宽的细皮条，皮条尾端结成一个圈，以使投掷者放入食指和中指。古希腊人认为，这样能使标枪飞得更远。

不过，标枪的比赛是以掷远还是掷准决定胜负这个问题，直到现在仍是体育史学界争论不休的问题。

摔　跤

被古希腊人看做是"最完善、最全面、最协调的一项运动，是全部体育活动的结晶"；所以，它不仅在五项竞技中占据主要地位，而且还作为一项独立的竞技运动出现于第18届奥运会。

拳　击

拳击是古希腊最古老的运动项目之一。它在公元前688年的第二十五届奥运会上被列为比赛项目。

古希腊的拳击由抽签决定对手，比赛不分局数，不受时间限制，不按体重分级。只要一方不举起右手表示认输或不省人事，比赛就得继续下去。难怪人们都说，古奥运会花费时间最长的项目是拳击。竞技者最早使用的拳击手套是用2米长的用油浸软的牛皮条缠绕手指和手臂，到公元前5世纪，出现了硬皮手套，即用生牛皮缠肘部和前臂，并衬以厚羊毛垫。到了公元2世纪，人们则在软皮条上缀上钻珠或铁钉，缠在手臂上以攻击对手。因此，拳击场上的比赛充满了血腥味。诗人鲁克路斯这样描述一个拳击运动员："斯特拉图芬啊，仅仅四个小时的拳击比赛后，不要说你的狗，就连全城的居民都不认识你了。"

混　斗

这个项目兼有摔跤和拳击的特点，因此比拳击更野蛮。它允许用身体的多部位、用多种动作和方法击败对手，竞技者们通常的方法是：绊脚、拉脚、踢腿、抓鼻、揪耳、折手指和手腕关节、卡脖子等。混斗在公元前648年第三十三届奥运会上，被列为比赛项目，但它的比赛规则，则在200年后出现。

赛车和赛马：赛车以其惊险、富于刺激颇受古希腊人的喜爱。公元前680年的第二十五届奥运会把四马战车赛列为比赛项目。公元前428年又增加了双马车赛。公元前500年曾增加了骑马拉车赛一项，但不久又取消了。

赛车在长800米、宽320米的赛马地进行，用抽签决定道次，赛时以吹号为令，赛程因马匹多少而各异。一般是围绕场地跑12圈—18圈（约9000米）。由于车多道窄，相互碰撞，特别是在转弯处，人仰马翻，车毁人亡的事故常发生。

赛　马

公元前648年的第三十三届奥运会，赛马被列为竞技项目。公元前4世纪时增加了马驹赛，公元前496年第七十一届奥运会时增加了牡马赛项目。

赛马是比骑技、比速度。赛程约870米，按抽签排列顺序，一字形排开，当面前横牵的绳索一放下，在无鞍、无蹬马上的运动员，立即驱马前奔，终点裁判按先后顺序决定胜负。

有趣的是，在公元前396年第九十六届奥运会上的开幕式上出现了传令比赛和笛手比赛，并列为正式竞技项目。传令比赛的优胜者可获得在奥运会上向观众宣告优胜者姓名的殊荣，并且赋予他在有关全希腊的重大问题上作解释和说明的权利。而笛手比赛的优胜者将获得为跳远运动员吹笛伴奏的机会。

公元前444年起，艺术竞赛也出现在奥运会上并延续了千年之久。

音乐比赛在公元67年的211届奥运会上也曾奉罗马皇帝涅龙的命令举行了最初也是最后的一次。此外，举重、拔河、技巧、接力赛、火炬跑等也曾出现，但未被列入正式比赛项目。

竞技与葬礼宴乐

在特洛伊战争中，希腊英雄帕特罗克洛斯不幸阵亡。希腊全体将士心情无比悲痛……。柴堆刚刚点燃，刮起一阵风，柴堆很快就熊熊烧了起来，那天夜里，阿喀琉斯一直待在柴堆旁哀悼他的挚友，在柴堆周围给他奠酒，呼唤他的幽灵。天将拂晓，火堆就要烧尽了，希腊人用酒将余火浇熄，捡起帕特罗克洛斯的骨灰，放在一个金坛子里，然后带回阿喀琉斯的帐篷，盖上一块柔软布。

办完帕特罗克洛斯后事以后，阿喀琉斯又命令部下举行盛大葬礼竞技比赛以纪念他的战友。命令战士们围坐在海滩，在暴风雨声中，由一位军官从船里拿出来大锅、铜鼎，灰色的铁块和黄澄澄的金子，又牵出高头大马，驯顺的骡子，健壮的公牛，还有花枝招展能干活的女奴。把这些都作为竞技奖品。

"好丰厚的奖品啊！"在战士中间有人喊道。

"比赛开始！"一位仪式军官发出命令。

只见第一项战车比赛，有五名骑手参加。他们扬鞭催马，驱车竞驰。荒野上，车轮滚滚、烟尘飞扬，叫喊声甚嚣尘上。经过一场激烈争夺，赛出了先后名次，依次获得不同奖品。

下面是拳击比赛。只见两条彪形大汉，身穿短裤，手扎精制皮条，在圈子中心，挥拳格斗，雀跃相击，皮拳相碰，吱吱作声。突然一个高个战士运动员寻找空隙向对手脸部猛击一拳，对手顿时被打倒在地，嘴角流出鲜血。围坐的战士们高声喝彩。胜利者获得一头骡子，失败者得到一只酒杯。

第三项比赛是摔跤。比赛十分激烈,奖品设置更加贵重。胜者得到一口三条腿的精制铁锅,价值12头公牛。败者可得一个熟悉家务的女奴隶,价值4头公牛。

两个健壮的摔跤手虎步登场,互相扭摔。开始,相互势均力敌成僵局,不多久,彼此掼摔,争力斗巧,考验体力,直至分出胜负。胜利者欢跳着捧走一口铁锅。铁器昂贵,比败者得到的女奴价值高出3倍。

摔跤比赛后,阿喀琉斯陈列出赛跑奖品。有一个名贵的雕银调钟,是死者的遗物,准备把它奖给跑第一的人。此外,还有一头肥牛和一块金子是为第二、第三名设置的奖品。赛跑运动员就地出发,绕过海岸跑回到原地,前三名依次领走奖品。

阿喀琉斯这时又拿出一支长枪、一面盾牌和一顶头盔,这是为武装角斗准备的奖品。角斗者身穿盔甲,使用锋利的长枪进行格斗,只见格斗者双方兵器寒光闪闪,杀声震天,格斗以先戳破对方防护器具,并刺出血来为胜。两名角斗士兵刀相击,铿锵作响,在一方矛尖触及对方喉头时观众惊呼叫止,矛头应声而住,从而幸免了一场流血事故。

这种武装角斗,真枪实盾,有较量武勇之心,无嗜血为乐之意。这同残酷角斗有本质区别。

投掷铁饼比赛奖品是一大块灰铁。四名赛手争夺。其中一名身材高大者长臂一挥,把铁饼掷过了整片田野,获得胜利。

葬礼竞技最后一个项目是射箭。在海滩上远远地竖着一个桅杆,杆头用细绳拴着一只活泼的鸽子,鸽子就是箭靶。第一个射手弯弓一箭未中目标,但射中了拴鸽子的细绳,那鸽子就扑啦啦地振翅飞上了天空。另一射手手疾眼快,翻身拉弓嗖一箭,正中鸽子翅膀,那鸽子飘飘摇摇地坠地而死,周围观众叫好声响成一片,最后射鸽者获头奖,射中绳者获二奖。

比赛结束后,由希腊联军总首领阿加门农作投掷标枪表演,他的投掷技术无人可以匹敌。阿喀琉斯把一口全新雕花大锅奖给他以作纪念。

这是一次阿喀琉斯为帕特罗克洛斯举行的葬礼竞技会。经过八项比赛，最后圆满结束。这是一次人类社会的童年时代的竞技（公元前11世纪—公元前9世纪），那时部族间经常攻伐，有时又联合起来对外进行掠夺。战争需要发展人们的军事技能，在这种社会背景下出现竞技，必然带有比较浓重的军事色彩。

葬礼竞技这一体育竞赛活动，被荷马时代盲诗人荷马所著史诗《伊利亚特》和《奥德赛》所生动描写。这两部作品，不但是古希腊一部伟大文学作品，而且是一部很有价值的历史文献。

在《奥德赛》中，史诗还描述了一场宴乐竞技：奥德赛在渡海回乡途中，飘流到腓依基人居住的福岛上。腓依基国王阿吉诺设宴款待他，并邀请他欣赏竞技和舞蹈。他们来到竞技场，随之涌来上千观众，许多年轻的贵族，以及国王的三个儿子都参加了竞技。大家欣赏了那扣人心弦的赛跑，紧张的角力，轻巧的跳高，精彩的投石，灵敏的拳击。国王的一个儿子当场向奥德赛挑战："尊敬的老者，如果你学过哪种技艺，你也来参加竞技吧！"旁边还有人随声附和，刺激奥德赛下场比试。奥德赛经这一激，动了肝火，就地一跃而起。对着国王儿子大声说："好！让我也来试试。"他说完穿着长袍就下场了，他拿起一块又大又厚的石饼，摆了摆臂，嗖！一下把石饼扔了出去。石饼在空中发生嗡嗡声响，从一些腓依基人头上飞过，远远落在最高纪录线的前面，一下子把在场的人都镇住了。国王儿子口中不断地称赞："好一个大力士，真棒！"说完就赶快请奥德赛回到原位观看下面的竞技项目。

当时社会生产力虽然有了提高，但是生产者还不能摆脱非常繁重的原始劳动，一般人都向往休闲娱乐，贵族奴隶主更是好逸恶劳。竞技具有欣赏价值和自娱价值。在当时社会条件下，便被纳入宴乐活动之中。

古希腊早期体育活动，是人类社会童年的产物，它虽然天真而简朴，但是这种葬礼竞技和宴乐竞技，却已在体育竞技方面初具雏形，它对后世竞技运动的发展具有深远而广阔的影响。

神庙中的体育教育

希腊东南的亚提半岛上，山青海碧，漫染云霞，景色秀丽的海边沙滩上，有一群十来岁的儿童，他们赤裸着全身，一位手持教义的青年教师正在给这些孩子身上涂擦橄榄油，每个孩子身上都被擦得油光闪亮。然后，这位教师带领孩子们到运动场上赛跑、跳跃、投石、角力，既紧张又活泼，孩子们情绪高涨，红润的脸庞上流着汗水。

"再跑一圈，呼吸要有节奏，呼——呼；吸——吸，要充分呼吸！"教师用教义指导着几个孩子改正不正确的呼吸。

锻炼后，孩子们都各自拿起弯形刀相互间刮去身上油垢，然后就到清流中，让滔滔海水，将孩子们身上油污迹洗得一干二净。最后只见教师为每个孩子按摩……。

这是古希腊雅典一次"文法学校"进行体育教育的一般情况。可以看出雅典很重视体育教育，而且这种教育是同卫生措施相结合的，强身健体的目的性十分鲜明。可以说当时雅典体育教育已有了相当高的水平。那么，雅典为什么有这样好的体育教育？那要从雅典政治、经济、教育情况来找答案。

公元前6世纪，雅典称霸于希腊，并威震爱琴海地区，雅典的航海业、手工业、商业相当发达，王位的继承由原来的世袭改为选举产生，这是一个共和政体的联邦。这种经济、政治生活，要求教育不仅要把奴隶主子弟训练成身强力壮的武士，更要使他们成为有一定知识的统治者、有文化教养的商人和能说善辩的政治家。因此，雅典非常重视体育、德育、智育、美育的结合，推行和谐教育。

奴隶主的孩子，在7岁前，有专职奴隶看护，接受家庭教育。他们有许多玩具，经常做各种游戏、捉迷藏、滚箍圈等。

男孩到了7岁就入文法学校和琴弦学校。他们在语法课上，学习读书、写字；在音乐课上，操习七弦琴、唱歌或朗诵《伊利亚特》和《奥德赛》中抒情诗篇。每天这两门课结束后就要按时进行体育锻炼。体育锻炼有专职教师，由于教师日日给学生擦油称为"擦摩儿童者"。

孩子们到了13岁，就升入体操学校，学习期限2—3年所谓体操即现今体育之意，泛指全面身体教育，由于当时体育锻炼赤身裸体进行，所以称体操（裸体操练之意）。当时体操包括体育锻炼、表演性歌舞和娱乐三个部分。学生练习的体育项目有五项竞技（角力、赛跑、跳跃、掷铁饼、掷标枪），军事练习（投石制兵器、射箭、骑马、游泳），表演性歌舞（表演动作、模仿式舞蹈），娱乐（追逐游戏、木棒游戏、荡秋千、雄鸡相斗、兽斗等）。学生在进行上述内容练习时，既注意培养自己强健的身体，又要锤炼意志，培养勇敢顽强精神。体操教师既是体育教师又是保健教师。在教育中注重因材施教。如教师专门为肥胖青少年进行个别训练，制订运动处方，采取综合手段，使学生减肥并强健起来。可以看出，这时的体育教师已经有较高的教学水平。所以被称为"体操家"。

学生在校还练习谈话，以提高健谈能力，同时仍然注意弹琴唱歌音乐教育。这时有"体操以强健身体，音乐以陶冶精神"的口号。毕业学生已经成为身体健美、口齿伶俐、修养较高的青年人了。从此大部分青年就结束了学生生活而走向社会。只有少数富豪子弟，为谋求高职，升入体育馆继续就学。

体育馆一般坐落在水清林茂、风景幽雅的城郊。美丽的自然环境，有利于陶冶学生身心。体育馆和体育场常设在一处，都是体育教育中心，而体育馆除了体育训练外，还担负学术研究园地的任务。古希腊著名哲

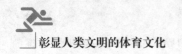

学家——柏拉图、亚里士多德都曾在体育馆讲学。

学生在体育馆里继续学习体操，并接受政治、文化和哲学教育。体操教师一般都是由退休的知名运动员担任，他们名声大，威信高，又有丰富经验。如梅利西亚斯，曾是优秀竞技者并培养出第34届古奥运会角斗冠军；还有塔伦士姆曾荣获第76届古奥运会五项竞技冠军，都曾当过体操教师。雅典体操教育着重增强学生体力，锻炼技巧，崇尚健美。使力、健、美相结合，这是雅典体育教育的特点。

学生18岁后还可升入"埃弗比"团深造，接受两年军事训练，并服一段时间兵役，卫戍城邦，守备边疆。此外还要在文科学校里学习法律、数学、历史等课程。"埃弗比"是雅典的高等教育学府，学生毕业后即走上统治者上层。

从幼儿开始一直到青年时期，在教育中把体育放在首位。按照身体、欲望和思维这种发展顺序进行教育。而且体育教育要配合德、智、美教育，培养全面、和谐的人。雅典的这种教育思想和体育思想对后世以至今日都产生了深远而广泛的影响。

印第安人的体育印迹

"天色渐渐明朗，远方的岛屿越来越清楚，哥伦布手持西班牙王旗，率领部下乘着小艇登岸。他们看到岛上树木葱绿，土地肥沃，水源充足。迎面吹来的微风传来花果的清香。更使他们高兴的是岛上有人居住。这些人面目和善。大都赤裸身体，对陌生人极为友好。青年人体格健壮，身材匀称，相貌英俊。他们的头发短而粗，密密地垂在眉前，肤色既不白也不黑，还用各种颜料在身上画出图案——这是原始民族流行的纹身风俗。后来，岛上的人带着鹦鹉、成束棉线、木制标枪，游泳来到哥伦布船上，他们几乎人人会游泳，而且游得很快……"这是 1492 年 10 月 3 日，哥伦布发现新大陆，初到岛上，见到生活在这里的印第安人时的记载。从记载中可以看出，在当时美洲大陆基本上处于同其他各洲隔绝的情况下，印第安人体育水平相当可观。这些活动具有鲜明的民族特色，而且是具有独创性的。

15 世纪欧洲移民到达美洲大陆之前，南北美的印第安人，大多数过着渔猎和采集生活，处于原始社会阶段。只有部分人过着定居的农业生活。在印第安人的原始教育中有许多与体育相关的内容，那种教育促进了民族体育的发展。

有些印第安人以猎捕野牛为生活手段。因此他们锻炼得蛮健而灵巧。18 世纪法国思想家卢梭曾引述这样一件事：一个印第安人，因被判处徒刑去做苦工。他向总督提议说，他情愿在一个节日里冒生命危险赎回他的自由。他准备独自一人，不用任何武器，只拿一条绳子，同一头最凶猛的雄牛搏斗，并要制服它，按照人们所指定的地方用绳子将它套住，给它备好鞍子，戴上笼头，然后骑在它身上。再同另外从斗牛场里放出来的两头最凶猛的雄牛搏斗。并把这两头牛在人们指定的时刻先后打死。总督终于准许他的要求，这位印第安人也履行了他的诺言。终于把他许诺的一切都做到了。这件事说明了印第安人斗牛本领的奇妙。也说明，美洲在 18 世纪已经有斗牛场。斗牛作为一种娱乐活动流行于城乡。当时有一种"鹰鹫斗牛"很受欢迎，别有情趣；把捕来的鹰鹫，缚在牛颈背上。斗牛者挥舞红布，斗得公牛暴狂乱跳，左右冲撞。鹰鹫不得脱身，便猛啄牛颈。当公牛不堪啄斗，而瘫倒在地时，人们便在欢呼声中，将鹰鹫放走，认为它是战胜强暴的胜利者。印第安人的这种独特的斗牛活动，反映了他们崇尚豪勇、不畏强暴的精神。

玛雅人生活在墨西哥南部和中美洲一带。他们心灵手巧，掌握了各种生产技能。靠海的捕鱼，内陆的种玉米。他们公元1世纪开始陆续建立了好几百个小城镇。玛雅人精于雕刻和绘画。约在公元700年前后，玛雅人就发明了一种类似篮球的游戏。这种游戏一直流传至近代。球场是一个长方形的深坑。场地和四壁用石块铺砌而成。游戏时，分两队比赛，每队3—7人，互相抢球，不用手、脚和胸部触球，力争用肩、肘、膝盖、大腿或臂部将球顶入球篮里。球篮是在场地两端、墙中间各砌成一个石圈。球是用橡胶制成的。为了保护身体，球员需戴头盔，穿鹿皮衣，束腰带。肩和腿都戴护具。头盔上还饰有长长的彩色翎毛。装备起来就像一个披戴盔甲的武士。玛雅人宗教观念很深，连球赛也带有浓厚宗教色彩。比赛前，球员和球具都要祭神，祈求神灵保佑，比赛后又要举行宗教仪式。玛雅人认为输队是神所厌恶的人，故杀之或惩处之祭神；而胜队，认为是神所保佑的人，许可他们占有被杀球员家室。这是一种愚昧而野蛮的习俗。由于这种球赛直接关系到球员的生命存亡和家室的得失，所以比赛非常激烈。吸引许多观众，时常发生争吵。时常由部族首领调停、裁决，才能平息纠纷。这是一种牵动人心，搅动社会的球赛。这在世界体育发展史上，是罕见的。

美洲印第安人随水系而居，游泳活动十分普遍；在长期的渔猎生活中，他们锻炼出卓越的游泳技能。1844年，当时英国是兴起近代体育最早的国家，游泳水平很高，举办游泳比赛，让印第安人参加比赛，结果印第安人以迥然不同于蛙泳的姿势，战胜了所有英国选手。有一个名叫弗莱因·古尔的人，用30秒时间游完130英尺距离，速度快得惊人。原来印第安人早就采用爬游姿势。直到1860年，英国游泳家赴南美才学会爬泳，可见印第安人对世界竞技体育发展起了一定促进作用。

印第安各族中间还盛行舞蹈。每一个部落都有10—30种舞蹈。他们的舞蹈从属于宗教活动。在举行宗教活动时总要跳舞。有的舞蹈还与他们的军事活动有关。战争舞就是印第安人组织军事行动的一种手段。凡是准备组织军事行动的人，都要按照惯例举行一次战争舞蹈活动。当参加舞蹈人数能够组成一支军队的时候，就趁着士气激昂，即行出征；反之，如果人数少，就说明此次军事行动不得民心，只能作罢。

在墨西哥西北部居住的塔拉马劳人，非常善跑，他们有踢球赛跑传统。踢球赛跑场地通常是一片山野，划出长约15公里环行路线。赛跑距离约在32—64公里。运动员边跑边踢一个用橡树根制作的小球，边跑边带，可以传给别人。有时夜幕降临，打起灯笼跑，直到跑完规定路程，并把球踢到终点为胜。

风雅颂中的体育

在我国最早的一部诗歌总集《诗经》中，有许多篇章和诗文谈到了古老的体育活动，在一定程度上反映了当时体育的历史面貌：

西周统治者兼用文武两手来加强统治，因此，他们不仅敬德、尊礼，而且重武。当时，一年之中，基本上是三时（季）务农，一时讲武。所谓讲武，就是讲习武事。《诗经·小雅·瞻彼洛矣》是诸侯赞扬周天子在洛水之畔率军讲武的颂歌。其中说，周天子身佩军刀，统帅着六军。可见这次洛水讲武的规模是相当大的。周天子演兵讲武的目的在于锻炼和提高军队的战斗素质，以"保其家邦"。

《诗经》中有不少章句讴歌武勇，反映了当时社会尚武精神。《诗经·郑风·盖裘》认为国家的官员应该是"孔武有力"，"邦之司直"，不但尚武有力，而且是主持正义的人。《诗经·卫风·伯兮》是一篇妻子怀念征夫的抒情诗。她称赞自己的丈夫——伯是英勇的豪杰，并自豪地说："伯也执殳，为王前驱！"那伯手里拿着长枪，在为王出征的时候，走在最前列。《诗经·小雅·六月》的"文武吉甫,万邦为宪",称赞周宣王的大臣尹吉甫,说他文武兼备,为万方所羡慕。人们一方面羡慕有武有勇的人,另一方面鄙视无拳无勇的人。《诗经·小雅·巧言》在讽刺巧言佞人的时候,说他"无拳无勇,职为乱阶"。可见,那时没有拳勇的是被鄙视的。在四周时期,射箭活动非常普遍,男子从童年时代就学习射箭。那时的射箭活动在尊礼思想和礼制的影响下,形成了礼射制度,定有大射,宾射,燕射和乡射四种。《诗经》有几个篇章反映了当时举行宾射的情景。《诗经·小雅·宾之初筵》描写宾射的情景。"大侯既抗,弓箭一起都张齐。射夫既同,献尔发功。发彼有的,以祈尔爵。"射箭手搭配好,他们献出射箭的功力真高妙。都要射中靶子上的中心,祈求胜利来饮胜利的酒。《诗经·大雅·行苇》在歌颂周先代宾射的章节中写道:

"敦弓既坚,四侯既钧。舍矢既均,序宾以贤。敦弓既句,既挟四侯。四侯如树,序宾以不悔。"意思是说:雕弓已很坚韧,四支金镞的箭已经摆好。射箭要射中红心,按箭中多少分出次第。雕弓即已被拉满,挟着四矢将靶穿。四矢中的来竖立,为客排位次没侮慢。从这两段诗中,我们可以了解有关四周宾射的三方面情况:当时射箭活动向着生活化和规范化的方向发展,它成了睦亲宴友的一种手段,并形成了一定制度和习俗;宾射是即席搭配对手的射箭比赛,以中的之射功来分次第和祈酒畅饮;周天子的宾射射者,每人射四箭。在射者中,有的射艺高妙,四矢皆中。这说明当时的射箭技术水平是相当高的。《诗经》描写舞蹈的篇章和诗句较多,这从当时社会舞蹈之活动范围来看,有宫廷舞蹈和民间舞蹈。从舞蹈的性质来看,有文舞和武舞。文舞,执夏翟苇(拿着野鸡翎和苇笛),动作柔善,谦恭揖让以昭德;武舞,执朱干玉戚(拿着红色的盾和玉质的斧),动作粗犷,发扬蹈厉以示勇。《诗经·邶风·简兮》是一首赞美并爱慕舞蹈勇士的诗歌。"硕人俣俣,公庭万舞",那些身材魁梧的勇士在宫廷里表演名叫"万舞"的舞蹈。勇士们先表演作战和驾车的动作，"有力如虎，执辔如山"。这前一节属于武舞。他们后表演吹笛和挥舞野鸡翎的动作，"左手执笛，右手秉翟，"这是象征和平的舞蹈，属于文舞。由此可知，万舞是由武舞和文舞综合而成的一种舞蹈。

《诗经·商颂·那》是祭祀的颂歌，其中有"万舞有奕"之句，《诗经·鲁颂·闭宫》是鲁大夫公子奚斯赞颂鲁僖公恢复疆土、修建宫室的颂歌，其中有"万舞洋洋"之句。这些材料表明，万舞是经商至周而流传下来的一种舞蹈。

在西周和春秋时代，贵族的田猎活动是娱乐和武事活动。《诗经》里的《秦风·驷》和《小雅·车攻》都描写了贵族的游猎的盛况。《小雅·吉日》还描述了周宣王田猎宴宾的情景。从这三篇诗文中可以得知，当时贵族的游猎规模是很大的，非常讲究排场。在出猎之前，先修整田车，挑选马匹，然后"驾言行猎"。随从贵族出猎的卒徒很多，"选徒嚣嚣"，十分热闹，举着旗帜，簇拥着贵族的车马前进。在途中，与其他诸侯的田猎队伍会合起来，依次行进，浩浩荡荡，更为壮观。到了猎场上，贵族乘在田车之上，调好弓箭，有人为之驾车，有人为之驱兽，待野兽被驱赶到田车附近，他们放箭射猎，从中取乐。贵族游猎时，役使大批的卒徒、猎人为其服务，他们的射猎带有一定的依赖性。

《诗经》有些章句谈到了游泳。《邶风·匏有苦叶》写道：匏有苦叶，济有深涉。深则厉，浅则揭。匏是葫芦之属，等到它成熟了，可以作为渡水的工具。"深则厉"，水深则在腰间拴上葫芦而泅渡，"浅则揭"，水浅则牵衣而涉水。这都是简易的渡水方式，还不能说是真正的游泳。《邶风·谷风》谈到游泳说："就其深矣，方之舟之；就其浅矣，泳之游之"，水深的地方，我就用筏、用船渡过去；水浅的地方，我就在水中或浮或沉地泅渡过去。游是浮水而行，说明当时的游泳已有较高的技术水平，现代使用的"游泳"一词，就是来源于此。这首诗是一个妇人的自喻，它说明当时在邶国（今河南省北部一带）已有女子游泳活动。

出游是我国古代的一种娱乐活动。《诗经》有不少篇章谈到了出游活动。《周南·何彼秾矣》描写了王姬出游，钓鱼戏尔时车服奢侈的情景。《邶风·泉水》是卫宣公之女许穆夫人怀念亲人，思慕祖国的诗篇。诗人悠思绕怀，难以排解，于是决定"驾言出游，以写我忧。"《卫风·竹竿》是描写卫女远嫁诸侯后，思父母，念故园，于是"桧楫松舟"，乘船游玩于水。

乘船游荡是古代一种幽雅的水上娱乐活动。《诗经》反映泛舟游乐活动的诗句很多，如"泛彼柏舟，亦泛其流"（《邶风·柏舟》）；"泛彼柏舟，在彼中河"（《风·柏舟》）；"泛泛杨舟，在彼中河"（《小雅·菁菁者莪》）；"泛泛杨舟"，"悠哉游哉"（《小雅·采菽》）等等。

《诗经·王风·君子阳阳》描写了情人相约出游的情景。他们出游时，随身携带着笙簧乐器和羽毛做的舞具。他们感到"其乐只且"，乐趣无穷。《诗经·郑风·溱洧》，是描写青年男女春游之乐的诗歌。男女青年手里拿着清香的兰花，来到溱河洧河一带。那里春水涣涣，花草鲜美，男女游人，谈笑风生，相互赠送香草，而且"殷其盈矣"，一伙一伙的人数很多。

古老的木乃伊和体育文化

埃及是世界上最古老的国家之一。在6000年前，这里就出现了许多小城邦（小的奴隶制国家），大约在3100年前，埃及建立了统一的奴隶制王国。

古代埃及有个避讳的习惯，不许叫国王的名字，一般尊称为"法老"。法老原来意思是"大的房屋"。

埃及人在天文学、数学、物理学、建筑学、医学和体育保健学等方面，在古代是处于领先地位的。

在古代埃及，流传着一个动人神话：很久很久以前，有一位本事很大的法老，名叫奥西里斯，他教会人们种地、做面包、酿酒、开矿，因此人们都尊敬他。但是他弟弟塞特存心不良，阴谋杀死哥哥夺取王位。

有一天，塞特请哥哥共进晚餐，还找了许多人作陪。进餐时，塞特指着一个精致的大木箱说："谁能躺进去就把箱子送给谁。"奥西里斯在别人怂恿下去试了试。但他一进箱子躺下，塞特就关上了箱子，加上锁，派人将他扔到尼罗河里去了。

奥西里斯被害以后，他的妻子到处寻找，终于找回了尸体。可是这件事被塞特知道，他半夜里偷走尸体，把它剁成4块，扔在各个地方。他的妻子又从各地找到丈夫尸体碎块，就地埋葬了。

奥西里斯的儿子从小就勇敢、健壮，练就一身好武艺，他长大后打败了塞特，为父亲报了仇。又把各地尸体碎块挖出来，拼凑在一起，做成千尸"木乃伊"，后来在神的帮助下，父亲复活了。不过是在阴间，做了阴间法老，专门审判死人，保护人间法老。

这个神话早先在民间流传，后来埃及法老听到了，便利用它欺骗人民。谁要反对法老，那他不仅活着时受到惩罚，就是死了也会受到审判，使其受苦。从此，埃及每一个法老死后，都要把奥西里斯的神话表演一次，首先是举行寻尸仪式，然后是举行洁身仪式，即解剖尸体，做成"木乃伊"，最后是为"木乃伊"开眼、开鼻、开耳、开口把食物塞进嘴里；把"木乃伊"装进石棺，送进坟墓里去。

令人惊叹的是，这些"木乃伊"的解剖和防腐处理方法是十分高明的。法老的"木乃伊"制作非常精致，制成一具需70天，尸体的内脏掏空后填上香料（桂皮、乳香等），整个躯体也涂上香料，然后用麻绳麻布紧裹起来，然后送入用名贵木材（防腐）制作的棺木中。穷人制木乃伊，只能用盐水浸泡后吹干，外面涂上树胶，以免尸体接触空气，至此，尸体成了一具经久不腐的干尸，也就是"木乃伊"。

在古埃及，不仅法老、贵族尸体要做"木乃伊"，一般平民也有这个习俗。考古学家估计，从第一王朝到第三十一王朝大约2700年中，埋葬埃及河谷地带的"木乃伊"就有两亿具以上。在古埃及不仅人死后做"木乃伊"，而且被人当作神崇拜的牛，死后也要作成木乃伊，葬在石墓中。

由于古埃及人保存尸体的高超技术，使得几千年后人们还能看到古代帝王容貌。1881年，在尼罗河畔德布斯一个秘密的悬崖石室中，发现了公元前1567年到公元前945年第十八、十九、二十、二十一王朝的几乎全部法老"木乃伊"，加上他们的王后、太子共40个。这些"木乃伊"制作非常精致。其中一位是公元前1304年即位的拉美西斯二世，从"木乃伊"可以看出，他是一个身材魁梧的人，面貌还清晰可见。

上面说到，制作一个"木乃伊"就必须解剖一具尸体，如果制作两亿具"木乃伊"就要解剖过两亿人。古埃及人在制作"木乃伊"大量实践中，必然积累了丰富的人体解剖学和人体生理学知识，实践出真知。因此，古埃及人民在世界上其他国家人们对解剖学、生理学几乎一无所知的情况下，他们已在解剖学、生理学、医学、体育保健学等科学领域遥遥领先。古埃及人民，由于具有良好的解剖、生理学知识素养，所以能十分注重体育卫生保健。古埃及人对安全分娩、婴儿养护、疾病治疗已有系统知识，孩子出生后，便受到各种保健护理，婴儿开始学步时，父母便让孩子光着身体在空气新鲜、阳光充足的户外尽情活动。青少年时期，到户外做游戏和各种球类活动。古埃及人十分讲究沐浴、按摩和养颜美容。所以古代史学家底奥多尔说："古埃及人的生活方式仿佛是由一个按照身体健康的需要来确定生活制度的高明医生拟出的"。可见古埃及人在体育保健方面有了相当高的水平。这在古埃及壁画中可以看出，古埃及具有丰富的饮食文化、美容服饰、自然力锻炼和体育文化。

体育的新曙光

在罗马城东南面200多公里地方，有一个名叫卡西诺山的修道院，它的历史很悠久。据说在罗马帝国灭亡后不久就建立起来了，它的藏书里保存了许多古老的图书。在中世纪，修道院的教士对古书和古代文化都不感兴趣，谁也不想去观赏这个藏书室。但是14世纪开始，意大利的风尚变了，人们对古代文化越来越尊重，于是有人想去到这个藏书室调查一下。

有一天，有一个人想方设法闯进这个藏书室，他看到的情况使他悲喜交加，哭笑不得。原来这个藏书室好多年无人照管，早已墙倒门歪，破烂不堪。但是一寸多厚尘土下的珍贵古书，还有的失传的珍本书随处可见。这位热心的学者、作家气愤之余，他又惊又喜。他顾不上对那些愚蠢教士提抗议，急急忙忙整理起这些古典文化的无价之宝来。

我们说的这位学者、作家，就是"文艺复兴"运动著名代表，意大利人薄伽丘。他第一个举起了"文艺复兴"的大旗，展开了反封建的新文化运动。这个运动首先从学习和恢复被教会破坏的古典文化着手。人们把它喻为古典文化再生和复兴。在文艺复兴运动中"人文主义"学说被响亮地提出来了。人文主义的特征，是提倡人性反对神性，提倡人权反对神权，提倡个性反对宗教桎梏。它冲击了腐朽的封建文化，促进了近代文化的发展，同时也促进了近代体育的萌芽。

文艺复兴运动，痛斥禁欲主义违反人性；针对"肉体是灵魂的樊笼"的宗教邪说，提出了灵肉一致的观点。并强调了身心健康的价值。艺术作品焕然一新，摒弃了中世纪表现憔悴虚弱人物形象的宗教肖像画传统，塑造出身姿健美，情绪乐观的艺术形象。这些思想、艺术观点，为打破禁锢人心的禁欲主义，引发近代体育思想创造了条件。

"文艺复兴"是以"复兴"古典文化的形式进行的。当时的学者广泛搜集希腊、罗马的古籍，被湮没已久的古典体育破尘而出，重放光彩，特别是雅典的体育，在注重身心健康，讲究健美，强调业余运动等方面，同人文主义的思想遥相呼应，形成共鸣。因此，古希腊的体育遗产，在文艺复兴时期，作为新兴资产阶级反对经院教育和骑士体育的武器得到了继承和发展。

1424年，著名的意大利教育家维多里诺，在意大利北部的孟都亚郊外，创办了一所"宫廷学校"。维多里诺认为学校应该是自然的、欢乐的，注重儿童身心协调发展的。他破除教会学校那种阴森幽暗、死气沉沉的景象，把学校设在了清流蜿蜒，草原苍翠的优美自然环境中。校舍宽敞舒适，阳光明丽，空气清新。室内饰有儿童游戏的大幅壁画，生机勃勃，惹人心欢。维多里诺认为优美的学校环境有利于学生学习。他给这所学校取名为"欢乐之家"。后来又仿效古希腊的体育馆，称之为"体育宫"和"学宫"。

他提出学校要达到培养精神、身体、道德都得到发展的教育目的。他大力提倡体育，制定各种锻炼身体的制度和方法。维多里诺认为运动是健康的基础，主张把读书和运动结合起来。规定学生必须参加户外运动，并亲自带领学生从事骑马、跑、跳、击剑、游泳、射箭和球类活动。夏天，他带领学生跋山涉水，栉风沐雨，到野外做短期旅行。他还曾为城镇的贫苦儿童专门编制一套健身操。他除了积极倡导体育运动外，还注意保健管理，改善饮食，注意卫生教育。

在中古教会和王权森严统治的年代里，维多里诺的教育实践，摆脱了封建教育的束缚，开创了人文主义教育先河。其影响波及全欧洲以至全世界，远达后世。他后来被誉为"第一个新式学校教师"是当之无愧的。

理性之光下的近代体育

1415年，7月6日，骄阳烤灼着大地。在康斯坦茨城（现瑞士境内）郊外的刑场上站满了看热闹的人，这里又要火烧"犯人"了。火刑柱上绑着的是一位传教士，他的法衣已被剥去，头上被扣上了一顶画有魔鬼形象的圆锥形纸帽，他的周围堆着高高的木柴。行刑官向周围人群宣布道："犯人犯了异端罪，反对正统的天主教会。"在场的神父们最后一次要"犯人"放弃自己的信念。然而这位犯人却昂首挺胸，目光炯炯，正视前方，庄严地回答："任何悔改都将违背我的良心，为了捍卫真理，我——宁择死亡。"

行刑官恼羞成怒，一声令下，熊熊烈火就燃烧起来，一个坚贞不屈的勇士就这么被大火吞噬。这个人是谁？他就是中世纪著名宗教改革家、捷克民族伟大儿子：约翰·胡斯。

教会如此残暴地将胡斯火刑，并把骨灰抛进莱茵河里，激起了捷克、德意志人民爱国热情和斗争巨浪。反教会的斗争走向高潮。1517年终于由年轻神甫马丁·路德发起了宗教改革运动，创立了基督教新教。

新教派为培养新教徒而推行自己的教育。在这种教育中，体育占有一定地位。马丁·路德对教育和体育都有自己的认识和见解。他号召基督教徒"保持身体健壮"，主张把体操和音乐定为德国教育固定课程。在致德国各城市市长及市议员的信中，他写道："古人已慎重考虑与安排，认为人们应该练习体操，这样才不致使人养成尚浮华、不贞洁、好吃、放纵与赌博的习惯。所以有两种康乐使我最感愉快，那就是音乐与体操。前一种将内心所有牵挂与忧郁驱除干净，后者使身体产生弹性并能保持健康。"

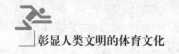

路德不仅注意到体操可以健身，而且看到它对培养道德品质的作用。

在宗教改革后期，在欧洲还出现了几位著名的教育家他们的学说对欧洲乃至世界近代体育发展产生深刻影响。

捷克人夸美纽斯认为"人不过是身体方面与心理方面一种和谐而已"，教育的目的就在于培养身心和谐发展的人。

他主张学校要设置宽广的运动场，采用游戏和各种体育活动来增进学生健康并激发他们的精神。

夸美纽斯首创体育教学班级授课制，即流传至今的分班上体育课制度。他还提出，在每进行一小时智力课后，要有半小时休息；在早饭和午饭后，要有一小时的散步和娱乐活动。这样做是为了"让身体活动，而让心灵休息"。现在世界各国学校普遍实行的课间活动、课间操制度，就是从夸美纽斯那里继承发展来的。

洛克是英国17世纪著名教育家。他为资产阶级贵族子弟提出一个"绅士教育"体系。他明确把教育分为体育、德育、智育三个部分。他认为"健康的精神寓于健康的身体……这乃是对世人快乐状态的一个简短而透彻的说明"。他主张把体育作为德育、智育基础。他非常重视儿童身体健康，要求他们必须锻炼身体、常做户外运动，养成忍受疲劳和困苦的变故能力。还主张用奖惩办法，使儿童养成良好运动和卫生习惯。

从文艺复兴、宗教改革到启蒙运动，是欧洲中世纪体育向近代体育转变的时期。在欧洲体育史上，新兴资产阶级翻过了中古体育衰落陈旧的一页，揭开了近代体育的新篇章。

挣脱神学的枷锁

"睡在这里的是一个爱自然和真理的人"，这是法国18世纪最杰出的资产阶级启蒙思想家卢梭为自己写的墓志铭。

让·雅克·卢梭（1712—1778年）不但是法国的启蒙思想家、哲学家、教育家，而且是自然主义体育思想创始人。漫长的中世纪欧洲，被封建神学禁锢着，人是神的奴仆，在神面前，只能"禁欲""毁身"才能达到理想境界，人体的自然需求——参加运动锻炼，在神学家们手中被扼杀。卢梭为了克服这种人性的异化，主张"复归人性"、"回归自然"，这就给体育的繁荣和发展打下了理论基础。卢梭在这方面的贡献是卓著的。

卢梭出身于钟表匠家庭，家境贫寒，未能接受系统教育，依靠自学获得丰富的知识。他的少年时代是在饥寒交迫、流浪颠沛中度过的。当过学徒、杂役，遍尝人间辛酸，这种经历使他广泛地接触社会，了解劳动人民的疾苦，洞察封建制度的黑暗和社会的各种不平等现象，培养出坚定的反封建意识。

卢梭喜爱读书，不断钻研和思考各种社会问题，但他的智慧和勤奋长期没有被社会承认。1750年，他参加一次重要征文，获得一等奖，一举成名。1752年，卢梭创作一个歌剧并演出获得成功，法国国王路易十五授予他一笔奖金，但他拒绝接受，他决心放弃财富和声誉，不同封建势力同流合污。

在1761—1762年卢梭写了《论科学和艺术》、《论人类不平等的起源和基础》和哲理小说《爱弥儿》、《新爱洛绮》集中体现了他的民主主义政治思想，像犀利匕首刺向封建专制要害。同时也宣扬了自然主义体育思想，

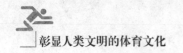
给神学家否定体育的反动体育思想观念以沉重的打击。

卢梭认为自由是天性，身体的活动和发展，完善是天性需要的。所以"我想运动我的臂，我就运动它"、"我想移动我的身体我就移动它"。不仅如此，"人类唯一的自然的欲望即自爱，它永远合于自然程序。因为保持我们个人的生命，特别要依靠自己"，必须"保卫自己的生命"，所以"自我保存乃是自然规律"第一条。

卢梭认为，在自然状态下的人，身心是协调发展的，不应只是心智发展而使身体衰弱，也不应叫身体和心智都处于衰弱之中。他说："身体活动愈多，他的心灵愈机敏，他的体力和理性是一同增进的，两者是互相促进的。"他进一步主张，只要以自然为师，健康和体力就会自然增进，这是达到身心共同发达的途径，这种途径"使人有哲学家的理性和劳动家的身手"。卢梭正确地论述了身心之间的辩证关系，他指出："你假若要培养儿童智力，你应当培养那智力所要控制的体力，为了使儿童良好而聪慧，你要给他的身体以不断锻炼，使他的身体强壮而健康。你要让他工作，让他做事，让他奔跑喊叫，让他成为有体力的人，他不久就成为有理性的人了。""在森林里的马、猫、雄牛，甚至驴子，比在我们家里饲养的大都有更高身躯，更强壮的体质，人也是这样"。可见，卢梭力求使人"归于自然"，从而推崇鲁滨逊式的教育方法。

卢梭指斥城市生活因人口过多而集中，是疾病和罪恶的根源，称道乡村的自然环境。建议儿童爬山、游泳，在自然怀抱中锻炼。他主张保持儿童的自然口味，养成嗜食任何食物的能力，以适应未来需要。卢梭要求着装要适应身体发育，反对过紧服饰。认为宽松服装利于"血液循环"。此外还主张对睡眠要养成适应环境变化的适应能力，以适应未来的困难生活。卢梭提倡多种多样运动、竞争性游戏乃至奥林匹克运动。

伟大的启蒙思想家教育家卢梭，站在近代欧洲新兴资产阶级立场上，以天性论为依据，以扬弃人们本质的异化为目的，提出自然主义体育思想。是对封建神学的有力打击，是对体育在中世纪的湮没的一种拯救；卢梭的体育，作为体力与心力、体力劳动与脑力劳动、身体锻炼与养护相结合，"四肢"与心智、感觉与判断力"联合为一"，身体调和发展的思想，是教育思想的组成部分，是进步的，也是正确的，是体育思想文化的宝贵遗产。

当然卢梭自然主义体育的环境决定论也最终导致体育发展的唯心主义英雄史观，虽然冲破封建神学的樊篱，但也给自己套上了无法摆脱的"魔圈"。

卢梭的学术思想和民主思想远远超过了同时代许多进步思想家，因此招致封建势力群起攻击。卢梭著作被焚毁，巴黎教会发出声讨书，法院下通缉令，他逃到瑞士等地，仍然受到当地政府的迫害。卢梭晚年写了一本叙述自己生活史的著作《忏悔录》，成为文学史上别具一格的名著。1778年，卢梭与世长辞。

大卫雕像的秘密

意大利是14—16世纪欧洲文艺复兴的发祥地，佛罗伦萨堪称文艺复兴时期诗歌、绘画的摇篮。新文化、新思想的曙光自然在这里最先升起。无数多才多艺、学识渊博的巨人，像灿烂群星，出现在佛罗伦萨。

16世纪初，在佛罗伦萨的一个角落里放着一块被人废弃了的奇特大理石，它放在那里风风雨雨已经有几十年了。就像一个不可征服的巨人。据说这块大理石是被雕刻坏了的废料。以后有不少艺术家都想利用它雕成一件艺术品，然而最终都摇摇头走了。

1501年9月的一个晴朗的上午，一个叫米开琪罗的年轻人，手持铁錾、木槌，来到这块石头面前，他先在四周用木板围起来，钉成了木板围墙，然后在里面"叮叮当当"地干起来。前几天，人们还看他老站在这块石头面前沉思，不时的点点头，笑容挂在脸上；现在又见他将自己关在木棚里敲敲打打，一干不是几天，几个月，而是几年，都以为这个年轻人神经有点不正常。他究竟在里面干什么呢？每当人们走过这个木棚，听到里面的叮当声时，总是情不自禁地这么想。直到4年后，木板墙终于拆除了，屹立在人们面前竟是一尊高大、雄伟的大卫像。

《大卫》是圣经里记载的一个人物。传说他原来是牧羊人，善良而又勇敢，他用投石器杀死了敌首领戈利亚斯，后来又带领人民统一各部落。米开琪罗把大卫雕成一个在出征前肩负着投石器的英俊青年，无疑是寄托了爱国者的理想渴望。特别是米开琪罗将大卫雕成一个体格雄伟健美、神态勇敢、坚强，体现着外在和内在的全部美的理想化的青年巨人。充分表现了文艺复兴时期对人体美的追求和健康的人体健美观念，这也是对中世纪那种"灵魂是上帝的生灵，肉体是灵魂的监狱"而否定体育，否定人体健美的一种无情鞭答。

米开琪罗把原先废弃的那块大理石的每一缺陷，都利用得恰到好处。石头高而扁，正好雕成大卫高大结实的身躯，而石头的底部原先有条三角形裂缝，恰好雕成大卫两条修长下肢间空隙。大卫的每一根血管，每一块肌肉都被雕琢得惟妙惟肖。特别是大卫的健美身躯结构比例，被雕得相当完美，符合美学原理，不愧被称为是男子汉健美典范，至今仍有指导意义。

米开琪罗的这一杰作，立刻轰动了整个佛罗伦萨城。

米开琪罗出生在一个贵族家庭，他6岁时母亲去世，他在奶妈家度过了童年，这个奶妈的丈夫是个雕刻匠，所以米开琪罗从小就受到雕刻艺术熏陶。他上学时，只有绘画课得优秀，而其他课都不理想，他的父亲只好送他到一位有名画家那里去学画。他画各种动物和植物，很注意观察实物的色彩和线条，有时为了加深印象，还跑到市场上去蹲在那儿仔细观察，一看就是半天。他把实物反映在画板上，能经常得到老师和同学好评。一年后他又跟雕刻家乔瓦尼学艺，他把自己的聪明才智全用上了，成为同学中的佼佼者。

米开琪罗的名声一天天大起来，引起了同伴的妒忌。有一次在教堂欣赏壁画时同一个朋友发生争执。这位又高又大的朋友争辩不过米开琪罗，最后恼羞成怒，竟伸手出拳，猛击在米开琪罗的鼻梁上，顿时鲜血直流，米开琪罗的鼻梁就此被打塌了，这一容貌上的损伤对米开琪罗的情绪影响很大。他认为人体的美是无与伦比的，人体本身就是一件艺术品，人体的缺陷自然也就是艺术品的缺憾。一个人追求像大卫那样标准的人体健美是天经地义的事，那是人的天性。是啊！一个在艺术上追求完美的人，怎么能容忍自己有这个缺陷。为此，米开琪罗一生没有结婚。

米开琪罗在完成了《大卫》这一杰作后第二年就被聘去西斯廷教堂画壁画，这项工程耗费4年时间，整个顶端画面300平方米之大。在画天顶壁画时，他不得不躺在高高木架上，仰面作画，滴落的颜料和汗水浸泡着他的脸和手，他所忍受的艰辛是常人难以想象的。但他创作出世界上最宏伟的绘画作品，这使他感到无比欣慰和幸福。他的作品包括雕塑、绘画、建筑、诗歌，都鲜明地体现出高度的人文主义思想，也就是要求摆脱精神方面束缚，发挥人的才能智慧，享受人生的快乐，相信人类有充分发展可能的思想，这对后来文艺发展以及体育健美的发展都有着深刻的影响。

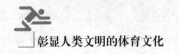

天高任鸟飞

早在几千年前，我们的祖先就已经开始用自己的智慧探求着飞行的秘密。

传说在春秋时期，著名工匠公输般（鲁班，公元前507年—公元前444年），就曾经用竹木原料制成了能飞上天的木鹊。同时期的伟大思想家墨子，还制成了能飞三天多的木鸢。西汉时代发明了风筝，汉朝王莽时代更有人模仿鸟类飞行，用大鸟翎做翅膀飞行了几百步远，这可以说是我国最古老的航空模型和滑翔运动了。

滑翔运动是航空运动的一种，它是由运动员驾驶无动力滑翔机在空中飞行的一项体育运动。其中悬挂滑翔是一项基础的滑翔运动。滑翔机没有动力装置，需借助飞机或绞盘车牵引橡皮筋弹射或用助跑。当滑翔机脱离外力升空后即作自由飞翔。若能恰到好处利用大气中上升气流便可使滑翔机长时间飞行，从而创造留空时间、飞行高度、飞行速度、飞行距离的纪录。

自古以来人们就幻想着能像雄鹰一样在蔚蓝的天空中自由翱翔，鸟瞰大地的雄姿，品尝腾云驾雾的乐趣。人们设想了许多方法，做了种种试尝，甚至不惜牺牲宝贵的生命，但最终都失败了。直到19世纪末，1891年德国航空先驱奥托·利林塔创造的滑翔机，并亲自滑翔2000次，他制造了第一架固定翼滑翔机和5种双翼滑翔机，利林塔同时代人英国的珀西·皮尔彻，澳大利亚劳伦斯·哈雷夫都对滑翔机研究作出过贡献。揭开了人类飞翔的新篇章，被人们称为"滑翔之父"。后来他在一次试飞中不幸坠落身亡，但是人们飞上蓝天的憧憬却一直没有泯灭。如今，虽乘飞机飞行已是司空见惯的事情，然而身处一个由金属构筑的空间里，无法领略御风行云、如鸟似燕的情趣。所以人们仍在不断地试验、安装各种坚固、高速的悬挂式滑翔器。

现代的悬挂式滑翔器一般由强度高、质地轻的铝合金支架和韧性极强的聚酯纤维制作的三角翼组成，支架上有悬挂带、操纵杆，其重量一般为16—25公斤。运动员头戴安全盔，携带降落伞和急救包，从山上顺势往下跑步升空，或从山顶、悬崖上一跃凌空，也可用摩托艇牵引起飞，然后以风力为动力，通过操纵杆结合变换各种姿势移动身体重心来改变三角翼的角度，完成升降、转向等各种动作。运动员不仅要学习飞行原理、天文、气象、地理各种知识，还要掌握操纵器械的技术和跳伞、急救的本领。

悬挂滑翔，器械简单、轻巧，容易操纵，成本低廉，无需耗费任何燃料。进行这项运动，既能漫游天宇，又能感受空荡无着、飘飘欲坠、险象环生等种种惊险和恐怖；可强健体魄，增长胆识，磨炼意志，成为越来越多的人们，特别是青少年热衷的运动项目，不少女青年也加入了这项运动的行列。

现在，悬挂滑翔不仅局限于娱乐或技巧表演，许多国家和地区成立了悬挂滑翔运动的专门组织，经常举办各种类型的比赛。国际航空家运动联合会1975年专门成立了悬挂滑翔委员会，每两年举办一次世界锦标赛。比赛的主要项目有：飞行距离、滞空时间、飞行速度和高度等。

悬挂滑翔现在还不是大多数人都能有幸一试的，也许这一组精彩照片能让你分享一番在广阔的天际中展翅翱翔的乐趣。滑翔机的出现，使航空运动增添了一个耗资不多，却具有极大锻炼价值和娱乐价值的运动项目。20世纪初，各国都相继成立了滑翔俱乐部，并开始了滑翔比赛。

现代滑翔运动于本世纪30年代传入我国。1931年我国第一架滑翔机诞生。从1956年起，我国有不少地区成立了滑翔运动航空俱乐部，为国家培养了不少滑翔运动员。

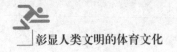

众神嫁女

现代奥运会从复兴起，各国就对主办权你争我夺，百年来愈演愈烈。围绕着争夺主办权的竞争，已不逊于奥运赛场上运动员之间的激烈角逐。

1894年6月，巴黎国际体育会议召开前一天，顾拜旦在《巴黎杂志》上刊文，力主复兴后的首届奥运会在1900年由巴黎市承办。而泛希腊体操俱乐部代表、著名诗人维凯拉斯不仅在会议上详细介绍了古希腊奥运会，而且建议首届奥运会提前到1896年在希腊举行。巴黎仍举办1900年奥运会。根据维凯拉斯的意见，6月23日国际体育大会决定首届奥运会在奥林匹克发祥地希腊举行。维凯拉斯被选为国际奥委会第一任主席。然而，正当维凯拉斯把争办胜利喜讯带回希腊时，却遭到了当时希腊首相克里库皮茨的坚决反对。克里库皮茨并非不知古代奥运会的辉煌，但他的着眼点却是希腊政府无力承担大型比赛的费用，作为一国首相，他在现实和理想之间很难做出勒紧裤腰带办奥运会的决定。这便使奥运会一开始就面临"流产"危险。这下子可急坏了顾拜旦，他立即动身到希腊游说，并取得了希腊王储和国王的支持。希腊人民也决心通过募捐形式筹集资金，在古奥会会场废墟上建立起大理石的运动场，终于在1896年首届现代奥运会胜利召开。而不赞成举办奥运会的希腊首相终因大失面子而被迫辞职。他成为奥运史上第一个也是唯一一个因申办奥运问题而丢官的政府首脑。

第1届奥运会结束后，希腊人从此表现出了极大热情。一些在社会上有影响的人士产生了不切实际的想法，正式向国际奥委会提出："奥运会是希腊民族文化的一部分，雅典应作为现代奥运会永久性会址"。希腊国王乔汉一世还亲自出面同国际奥委会交涉。当时的国际奥委会第2任主席顾拜旦，对这个问题坚决不让步。他指出：奥林匹克运动不仅是希腊的，也是全世界的。为使奥运会具有国际性和生命力，奥运会应当在全世界不同的国家举行。结果，不仅第2届现代奥运会如期在巴黎召开。而且也奠定了现代奥运会由各国城市申办，国际奥委会投票表决的制度。

由于美国运动员第一、二届奥运会上表现十分出色，成绩相当突出，共获31枚金牌，列榜首。因此国际奥委会便准备优先考虑以美国的某城市作为第3届奥运会的会址。

起初只有芝加哥市提出申请，但时隔不久，美国的圣路易市也参加了竞争，结果首次出现了一个国家两个城市竞相争办，你争我夺，互不相让的局面。连国际奥委会也感到难以取舍，最后有人提议请美国总统来做最终决定。

当时兼任国家奥委会名誉主席的罗斯福总统提出，由于万国博览会将于1904年在圣路易市举行，所以奥运会也应由圣路易举办为佳。结果总统"一锤定音"结束了兄弟城市之间的激烈竞争。国际奥委会充分尊重美国总统的裁决，致使圣路易奥运会打破欧洲垄断奥运会主办权的局面，迈出了奥运会走向五大洲的第一步。

真正实施国际奥委会秘密投票选择会址的做法，应该是从第四届奥运会开始。当时申请承办第四届奥运会城市有意大利罗马、米兰和英国的伦敦及德国柏林。经国际奥委会秘密投票表决，会址选定罗马。然而，在距奥运会召开仅剩一年多的时候，意大利却多次发生地震和火山爆发，巨大的经济损失使罗马无力修建体育设施，不得不主动放弃来之不易的主办权。国际奥委会再次面临困境，只能求助于经济较发达的英国，英国考虑再三，最后还是勉强同意由伦敦承办第4届奥运会。

1912年，提出承办第6届奥运会的有：德国的柏林，埃及的亚历山大，美国的克里夫兰和匈牙利的布达佩斯。奥运会的宗旨是友谊、和平、进步。这也是选择奥运会会址的重要因素。鉴于古代奥运会举行时有一切战争都要"休战"的规定，现代奥运会创办者们出于推动和平进程的愿望，也希望以奥运会制止战争。当时军国主义磨刀霍霍。为了用体育制止战争，顾拜旦极力主张把主办地点选在柏林。然而，国际奥委会委员们过高地估计了奥运会在推进和平方面作用。结果第一次世界大战还是于1914年爆发。第6届奥运会不得不在激战中被葬送。柏林成了奥运史上第一个留下空白的城市。无独有偶，1936年又偏偏在争办城市中选日本东京市。1年后"七七事变"爆发，日天皇欲借奥运会掩盖其发动侵略的行径，美梦随之破灭。日本同意放弃奥运会主办权。几天之后，芬兰赫尔辛基市正式接办第十二届奥运会，然而第二次世界大战的战火吞噬了人类一切善良愿望。赫尔辛基成了百年奥运史上第三个"空缺点"。以上都是奥运史上"制战反被战制"的事例。

1949年4月，国际奥委会在意大利罗马召开会议，就奥运会主办城市的选举方式作出新规定：投票采取淘汰制即每轮获票数最少的城市退出，其余进入下一轮，其中一个城市获得超过半数选票为止。

申办1956年第16届奥运会城市共有10个，他们都派出了庞大的代表团参加竞争，申办城市之间竞争十分激烈。投了3轮票后依然不见胜负，直到第4轮，墨尔本才以21票对20票险胜布宜诺斯艾利斯。但墨尔本是用瞒天过海之计求得主办权。因为他们没有对外国马匹入境都要接受6个月检疫隔离的法律向奥委会陈述。最后不得不将此项比赛安排在另一个国家。

千古绝唱《体育颂》

1906年，国际奥委会巴黎会议决定，从1912年斯德哥尔摩奥运会起，将文学艺术列入比赛日程，这实际上是恢复了古奥会传统。奥运会第一枚文化项目比赛金牌授予《体育颂》一诗。霍赫罗德和埃什巴赫是这首诗的作者，当时诗文用法、德文写成。其实这两个作者名字是笔名，作者的真名是顾拜旦。

评判委员会对评定结果作了说明：认为法文和德文本不是译文，作者的思维方式近似拉丁语。至于用语它显然是以日耳曼语为基础。可能霍赫罗德和埃什巴赫先生想以此表现这一思想：奥林匹克文学使命正在于借助对美的崇拜使为民族接近起来。

"顾拜旦在接受自己第一和最后一枚奥林匹克金牌时，听到评判委员们如此评价，感到极为满意，因为这正是他的奋斗目标。

《体育颂》（译文）：

啊，体育，

天神们欢娱，生命的动力，

你猝然降临在灰蒙蒙的林间空地，

受难者激动不已。

你像是容光焕发的使者，

向暮年人微笑致意。

你像高山之巅出现的晨曦。

照亮了昏暗的大地。

啊，体育，你就是美丽！

你塑造的人体变得高尚还是卑鄙，

要看它是被可耻的欲望引向堕落，

还是由健康的力量悉心培育。

没有匀称协调，便谈不上什么美丽。

你的作用无与伦比，

可使二者和谐统一；

可使人体运动富有节律；

使动作变得优美，

柔中会有刚毅。

啊，体育，你就是正义！

你体现了社会生活中追求不到的公平合理。

任何人不可超过速度1分1秒，

逾越高度1分厘。

取得成功的关键，只能是体力和精神融为一体。

啊，体育，你就是勇气！

肌肉用力的全部含义是敢于搏击。

若不为此，敏捷、强健有何用？

肌肉发达有何益？

我们所说的勇气，

不是冒险家押上全部赌注似的蛮干，

而是经过慎重的深思熟虑。

啊，体育，你就是乐趣！

想起你，内心充满欢喜，

血液循环加剧，思路更加开阔，

条理愈加清晰。

你可使忧伤的人散心解闷，

你可使欢乐的人生活更加甜蜜。

啊，体育，你就是培育人类的沃地！

你通过最直接的途径，

增强民族体质，

矫正畸形躯体，

防病患于未然，

使运动员得到启迪。

希望后代长得茁壮有力，

继往开来，夺取桂冠的胜利。

啊，体育，你就是进步！

为人类的日新月异，身体和精神改善要同时抓起。

顾拜旦除了他的《体育颂》诗表达了他的体育观，另外他还在几十年奥委会主席工作会议上讲演或写信等方式，表明自己的体育思想、体育观念，并对体育界工作产生了深远影响，甚至有的已成为体育名言被世界各国广泛传诵。如在1908年7月，在第四届伦敦奥运会期间，他在一次英国政府举行的招待会上讲话，他提出了"参加比取胜更重要"的名言，他在讲话中是这样说的：

"……奥林匹克理想，在我们看来，是一个很强的体育观念，它一方面基于骑士精神，即你们醒目的称之为"公正竞赛"；另一方面基于美学思想，即对美和崇高的狂热。我并不想说古人从来缺少这种理想……。

然而，确切地说，今天当物质文明——或我爱称之为机械文明的进步使一切事物美好起来时，某些威胁奥林匹克的弊端却令人不安。……上星期天，在圣保罗组织的一次运动员授奖大会上，宾夕法尼亚州大主教用恰当的语言唤起人们的注意：'在奥运会'，参加比取胜更重要"。

先生们，让我们记住这令人信服的话吧，它将扩展到每一个领域，形成一种宁静、健康的哲学基础。人生中重要的不是胜利而是斗争，最基本的不是取得胜利而是漂亮的作战。传播这些格言的是为一个更勇敢、坚强同时又更加严格大度的人类出现铺路……。

顾拜旦还在致友人的一封信中，阐明了什么是体育的真谛。他在信中写："……但是，与精英不同的还有普通民众——他们进行体育锻炼目的不是为了取胜别人，他们之中不乏高水平者，但人数有限，真正擅长体育人口比率仍然甚少。……因此，对一个国家来说，只有当她的大部分公民感到体育是一种个人需要时，这个国家的体育才称其为真正的体育。"

"夫完全人格首在体育"

　　"夫完全人格首在体育"是我国近代科学家、教育家蔡元培先生的一句名言。蔡先生在废除旧教育，创建新教育，强调德育、智育的同时，积极提倡体育。

　　早在20世纪初，蔡先生同章炳麟等发起组织了爱国学社（男校）和爱国女学。当时，蔡先生已立志于民主革命，在爱国学生中竭力开展军事训练，他自己也剃了头亲自参加操练；在女校也积极提倡体育锻炼。辛亥革命时，爱国学社和爱国女学的学生很多都参加了革命斗争。民国成立后，蔡先生进一步提倡体育。他分析了封建社会中的妇女为什么特别懦弱？为什么"不幸地方有争战之事，敌兵尚未至，畏而自尽者比比矣"？原因是很多方面的，其中很重要的一点就是"皆不运动不发达其身体之故，卒养成懦弱性质，以减杀其自卫之能力与胆量也。"后来他还指出，中国妇女若要"解除传统的钳制，与世界出类拔萃的妇女竞争，则必锻炼其体格与心智之能力"。因此，他把体育作为学校培养人格的首位，说，"体育最要之事为运动"，"身体与精神，含有一种潜势力，随外面环境而发达"。运动就能使之发达，反之就会萎缩。因此他一再告诫学生要"切勿间断"，"即使毕业之后，担任别种事业者，亦当时时练习。"

　　1917年，蔡先生担任北京大学校长。当时的北大是一座封建思想、旧文人习气十分浓厚的"学府"。有些人埋头读死书，也有些纨绔子弟生活放荡。蔡先生到校第一天讲话就严厉指出："大学生当以研究学术为天责，不当以大学为升官发财之阶梯。"他也考虑到，"终日伏首案前，芸芸攻苦，毫无娱乐之事，必感身体上之苦痛"，所以竭力创办体育会、音乐会、书画研究会等组织，"以正当之娱乐，易不正当之娱乐，庶以道德无亏，而于身体有益"。

蔡先生在北大几年，凡是对身体有益的就提倡。他创立了体育会，添置了各种运动器材，他还亲自写信给当时一位有名的建筑师，请他来校勘察设计开辟游泳场所；他还专门派人去上海青年会体育专修班进修学习；他请了有名的武术家来校任教，也请人来开展西洋拳击运动：有一段时间，北大还专门养了几匹马，它不是供拉车运物的，而是为了学生骑马锻炼用的。在体育方面，蔡先生也是采取"兼容并包"的方针，蒋维乔讲授静坐法就是明显一例。蔡先生为了便于运动，还制定了校服，规定上体育课必须穿校服。这些受到当时一些守旧的人的反对，有的甚至借口没钱制校服，拒绝上体育课。

蔡先生深感提倡体育并不是靠命令能办到的，他到处宣传体育的重要性，唤起人们从思想上重视它。

1917年4月，蔡先生在中国大学四周年纪念会上讲：

"吾人在校肄业，即为预备及欠债时期；毕业即人还债时期矣。……故吾人一生，它以第二时期为最重要。然此种工作，亦不能不有预备。此种预备有二：一、材料之预备，如学生之课程是也。二、能力之预备，即以学校为锻炼吾人体力、脑力之助，又以职教员之训练及其所授于吾人之模范为修养之助。"

同年5月，蔡先生又应邀赴天津演讲，反复强调体育的重要，他说："有健全之身体，始有健全之精神。苦身体柔弱，则思想精神何由发达？"当时周恩来同志还笔录了他这个论德智体三育的演讲词，并写了按语，发表在南开中学的《校风》上。

1919年，"五四"运动后的九月，他在北京大学22周年开学式上又一次重申：

"研究学理，必要有一种活泼精神，不是学古人'三年不窥园'的死法能做到的。所以本校提倡体育会、音乐会、书画会等，来涵养心灵。"

蔡先生提倡体育非常用力，但是，轻视体育是长期的封建社会历史造成的，尤其是当时北京大学这样一类的学校旧思想，旧习惯相当顽固。因此，直到1920年10月，在蔡先生赴欧考察前对北大学生话别时，还语重心长地说："我对诸位的临别赠言也不过几句老生常谈。不过第一，望大家要特别注意体育！我们收了体育费，愿望让大家自由去运动的，可是二年来尚少效果。诸位何必要做成'书痴'相，弄得曲背弯腰呢？这一层愿大家各就所好，多多运动。历年华北运动会，通知到我们，都没有法子。论人数北京大学最多，为什么一个都没有加入呢？虽然我们并不要在比赛场上出风头，但是有益的运动，我们决不可不练习。……"

蔡先生离开北大去欧洲经新加坡时，在南洋华侨中学全面阐述了培养健全人格的全面教育思想，特别强调了体育的重要作用。他说："所谓健全的人格，内发四育，即：体育，智育，德育，美育。这四育是一样重要，不可放松一项的。先讲体育，在西洋有一句成语，叫作健全精神，寓于健全的身体，是见体育的不可轻视。不过体育要发达学生的身体，振作学生的精神，并不是只在赌赛跑跳，或开运动会博得名誉体面上头，其所以要比赛或开运动会，只是引起研究体育的兴味；因恐平时提不起锻炼身体的精神，故不妨常和人家较量较量。我们比不过人家时，便要在平常用功了。其实体育最要紧的，是合于生理。若只求个人的胜利，或一校的名誉，不管生理上有无危险，这不要说于身体上有妨害，且成一种机械的作用，便失去体育的价值了。……只要在心理上使学生彻底明白体育的目的，是为了锻炼自己的身体，不是在比赛争胜上，……"

蔡先生考察回国后，更积极提倡体育。1922年4月，他为北京大学举办秋季运动会写了《运动会的需要》一文，进一步提出开好体育运动会可以"鼓励运动的兴趣"，"增加校外同志的社交"，"养成公德"等等。

蔡先生对于体育方面的见解，至今还是对我们有益的。

冰雪加拿大

人们把加拿大称为"冰球之乡"，不仅因为加拿大是现代冰球的发源地，还因为冰球是加拿大人民喜爱的一项运动。

现代冰球运动是由古代男人在冰面上用弯曲的棍子围捕野兽，打猎逐渐演变、发展而成。世界上许多地方开展的草地曲棍球运动，被称为"打击曲棍球"，这种活动在寒冷季节进行时，比赛的场地往往被一层厚厚的冰雪覆盖。于是人们就用带冰刀的鞋代替过去的鞋，改在冰上进行，这就产生了最原始的冰球运动。

当时参加比赛的双方各有11名队员，这些队员用曲棍去射门，场地也较现在场地大一些。从1783到1855年，由当时驻守加拿大的英国军队传授给加拿大人，而加拿大人发展和改造了这个项目，将11人改为6人制，并且在世界上第一次使用了可以在冰面自由滑动、圆盘形的冰球。1856年，在加拿大的哈利德克斯举行了第一次冰球比赛，两年后，冰球运动流行于加拿大各地。1879年，麦克吉尔大学两名教授斯密斯和罗伯特，参考草地曲棍球和足球比赛规则，订出了一个比较完整的、似于现在的冰球规则。

冰球被誉为加拿大"国球"，冰球运动深受加拿大人喜爱，普及程度也非常高。

在加拿大，几乎每个男人都会打冰球，用加拿大人自己的话说："不会打冰球的男人，不是加拿大人。"一些姑娘也把会不会打冰球，作为选择男朋友的条件，在他们看来，一个不会打冰球的男人，算不上是一个真正男人；每个加拿大人都认为，别的不敢夸口，唯有冰球，他们人人都是内行。据说，在加拿大每三个人中就会有一个冰球运动员。

在加拿大到处可以看到这样的景象：只有四五岁的孩子，已经穿着全套冰球护具跟随爸爸妈妈披挂上阵，他们开始在教练的指导下进行滑冰技术练习；到了六七岁时即进行严格的传球和射门技术训练；8—10岁孩子开始组织冰球队，每周进行3次比赛；12—15岁孩子就称为少年运动员，从传球、射门、基本战术到身体接触能力都已具备成人特点。孩子们进行比赛往往吸引很多热情观众。

加拿大十分注重在少年儿童中培养优秀运动员。每年举办比赛，参加少年级比赛的特级队就有40多个，甲级队60多个，乙级队90多个。优秀的少年运动员不断被吸收参加职业球队。

在加拿大，室内冰球场就像一座学校、一家商店一样普遍，全国约有9000座人工制冷冰场。一个普通中学就有一两个冰球场。首都渥太华仅60万人口就有40几个人工冰球场。冰球场利用率很高，每天早6时到晚12时都开放，每天一个场地可供18个队练习。

加拿大的冰球迷遍布全国各地，每年除6—8月外，几乎全年不断。已有近百年历史的"斯坦利"杯赛，观众可达1100万之多，从中可以看到冰球运动在加拿大人的日常生活中的地位。

在加拿大，还建有一座冰球运动博物馆。由于加拿大人对冰球运动偏爱和对冰球发展所做的贡献，国际冰球联合会将其技术资料情报中心设在加拿大。

由于冰球比赛中运动员身体接触频繁，对抗激烈，所以运动员必须穿戴护具，包括头盔、面罩、护胸、护腿等这样一套穿戴，看起来就像古代全身披挂盔甲的武士了。冰球守门员的头盔是用玻璃钢制成，带有钢丝面罩。这种面具在1928年就已经面世了。但真正开始一场面具改革的是加拿大人皮兰特。

在一次激烈的冰球比赛中，守门员皮兰特面部被冰球击中。他痛苦不堪，医生为他进行紧急伤口缝合。而在此前，他的脸被这样处理大约已有

150次之多。他对教练说："不行，没有面罩我就再不能上场。"说干就干，他自己用玻璃钢做个面罩，又重返赛场，就这样，皮兰特开始了一场冰球面具改革，为冰球运动发展做出了贡献。

1930年，在男子冰球的影响下，加拿大哥伦比亚大学的一些女大学生们自发组织了第一支女子冰球队。所以应该说女子冰球运动也起源于加拿大。1990年在加拿大渥太华举行了第1届世界女子冰球赛。有8个队参加，决赛在加拿大队和美国队间进行。当时，美国总统布什还特意给美国女队发了电报。比赛结果加拿大以5∶2战胜美国队获冠军。有趣的是，70年前，加拿大男队在第一届世界冰球锦标赛上也获冠军，而美国队也是亚军。

在加拿大从事冰球运动的妇女超过15000人。女子冰球规则基本与男子相同，比赛时必须穿护具、戴头盔，允许运动员接触，但为了保护女子颜面和身体，不允许冲撞。

1998年，在日本长野举行的第18届冬奥会已正式将女子冰球列入正式比赛项目。

风帆水行澳大利亚

澳大利亚的水上运动具有悠久的历史，在其发展过程中也有段艰苦拼搏的经历。澳大利亚人的游泳技术，在世界泳坛一直占有重要地位。1900年，在巴黎举行的第2届奥运会游泳比赛中，澳大利亚动员弗·列英获200米自由泳和200米障游泳两项冠军，以后奥运会游泳比赛中，常常会有几名运动员获奖。1948年第14届奥运会上，澳大利亚游泳队也获4枚奖牌，2枚银牌，2枚铜牌。然而澳大利亚人对这一成绩非常不满。将这4枚奖牌，称作耻辱牌，悬挂到纪念馆墙上展览，引起全国上下议论纷纷，群情激昂，促使体育界提出一个"培养新人的八年雪耻计划"；他们在科学理论的指导下，经过十来年艰苦拼搏，终于迎来了澳大利亚游泳的黄金时代。1956年墨尔本奥运会比赛中，澳大利亚游泳队获得全面胜利。在13个游泳项目中，他们获得14枚奖章。其中金牌8枚，银牌4枚，铜牌2枚，此外还有10名游泳选手进入前6名。美、苏、德、日等游泳强国都在澳大利亚之后，世界各国都为之叹服。

澳大利亚人，以获得4枚奥运奖牌为耻，这说明他们具有高度的自信心和争先进的精神，也说明他们游泳运动基础是很好的。

澳洲四面环海，气候温暖，多日照而少阴雨，近两千万人口，多居住在沿海一带。这两种条件都有利于水上运动的发展，那里又有英国水上运动和土著人渔猎生活的影响。因此，游泳、划船、帆船、冲浪等水上体育活动十分普及，其中有些项目成绩已达到世界先进水平。

澳大利亚水上运动是有传统的。在欧洲移民到来以前那里的土著人在渔猎生活中就掌握了高超游泳技能。有的土著人可以潜水去捕猎水禽，或用草、荷叶等掩蔽着头去游捕猎物，还有的土著人能在大海中游来游去捕捉大海龟；当追上海龟时，游近的猎人可以猛然扑到海龟身上，坐在海龟背上游玩。有的土著人自由泳的技术相当高超，游得非常轻快，就是游泳选手也都羡慕不已。

1878年，英国游泳家弗·卡维尔迁居到澳大利亚。他全家人首先吸取并推广了当时土著人的爬泳技术，特别是那两腿打水的动作。卡维尔把这种游法介绍给澳大利亚的英国人。他的长子理查德·卡维尔用这种游法曾称雄于英格兰并传给英国；他的另一个儿子悉尼·卡维尔去美国任教，又将这种游法技术传播到美国。

澳大利亚近半个世纪以来，培养出不少优秀的游泳运动员，他们创造了许多惊人成绩。例如，德·弗里塞，不仅蝉联了第16、17和18届奥运会女子100米自由泳冠军，而且还打破过27次世界纪录。另一位女运动员沙恩·古尔德，在1972年慕尼黑奥运会上获5枚奖牌，其中有3枚金牌，并创造6项世界纪录。她曾经先后11次把所有距离自由泳世界纪录都刷新了。后来又出现一位少女选手特拉西威克汉姆，她连续创造了女子400米、800米、1500米自由泳世界纪录。

澳大利亚非常重视群众性游泳活动，近几十年里，新开辟了许多海滨浴场，建造了大量游泳池，其中有政府兴建的，也有私人营造的。仅有300多万人口的悉尼市，平均每5家就有一个家庭后院修有游泳池。全市还有70多个向群众开放的标准游泳池。悉尼为筹备2000年奥运会又新建一批水上运动中心，这些水上运动中心，不但有游泳池还有帆船、划船、冲浪、水上摩托等项运动标准场所和设施。这些场所为发展澳大利亚水上运动提供了必要条件。

澳大利亚对少年儿童游泳活动非常重视。国家专门拨出一笔经费用在这方面，并规定对所有少年儿童进行游泳教学，争取在不长时间内做到澳大利亚人，人人都会游泳。国家还提倡私人办游泳学校。有不少著名的游泳教练员，就以开办私人游泳为业。在各地的水上运动中心都积极为少年儿童游泳创造条件，凡有游泳池处，都设有儿童浅水池并配备儿童游泳教学训练器材。有一些游泳学校，还专门训练婴儿游泳，经过他们训练，四个月的婴儿就能在水面漂浮，到一岁左右就学会游泳和潜泳。婴儿还不会走路就学会了游泳，看来是件新鲜事。其实并不新奇，因为婴儿在母体内是在液体中生活，他们出生前就习惯了水的环境，当他们处于水中时，比在陆地上还兴奋，在呛水的时候，能够自然地关闭呼吸道。澳大利亚训练婴儿游泳，不仅增进了婴儿身心健康，而且及早培养了游泳人才。

澳大利亚鼓励群众游泳，还制定了游泳锻炼标准。确定11种游程，最短25米，能游完每一游程者都发给相应证书、证章，进一步提高游泳者的积极性。

澳大利亚还十分重视水上运动的科学研究工作，他们经过多年的研究和探索，建立了自己特有的游泳理论和技术风格，他们在游泳技术方面，创造了澳大利亚式自由泳。

澳大利亚人还特别喜欢冲浪运动，这项运动在澳大利亚有较长历史了。早在欧洲人迁来之前，这里土著人乘木舟浮海时，就凭一叶扁舟忽而冲上涛峰，忽而滑向浪谷，这就是冲浪运动前身。本世纪初，有些澳大利亚人，在风高浪险的日子里，乘一块木板划入海中，然后，站在板上乘风驾浪，冲回海岸，这样就兴起了冲浪运动。因此，可以说，澳大利亚是冲浪运动的故乡。

第二次世界大战后，塑料工业发展起来，随之出现了塑料的冲浪板，促进了冲浪运动的进一步发展，冲浪运动逐渐普及和提高，便向着竞技方向发展。澳大利亚人经常举行冲浪比赛。比赛时，裁判员们在高台上观察并纪录。他们根据运动员所冲之浪高度；在浪巅的姿势；在浪上的操纵能力；以及面对还是背对浪峰的状况评定名次。

冲浪运动相当惊险，脚踏一板，出没在惊涛骇浪之中，即使熟悉水性、有高超技巧的人，也难免发生危险。因此，澳大利亚为了更好地开展冲浪运动，成立了200多个冲浪救生俱乐部，救生人员至今已进行过23万多次营救工作，可见冲浪运动在澳大利亚的兴旺。澳大利亚还每年举办冲浪救生锦标赛以期不断提高救生水平。

澳大利亚在水上运动所取得突出成绩和积累的经验，不仅是本国体育的宝贵财富，而且是对世界体育的贡献。不少国家体育人士都从这些贡献中得到启示，促进了本国体育事业的发展。

"陆地火箭"

人们将摩托车称为"陆地火箭",借助摩托车从事训练和比赛就被称为摩托车运动。

机械文明的发展,使人类空间活动能力发生了一个大飞跃。火车、汽车代替并明显超过了人力车和畜力车;飞机大大地缩短了对空距离,飞船则使人类终于能够离开自己的星球,进入太空轨道。人类蛰居一点的生活方式得到改变,价值观发生了根本的变化,扩展空间成了现代人的追求。但限于条件,只有极少数人能够投身于宇航、航空、登山、潜水等活动,成千上万人则成了摩托迷。

作为一种最小和最简易的运载机械,摩托车充分显示了轻便、灵巧、快速、经济和易于掌握等优越性。它具有多种功能,不仅用于交通、通讯、运输,而且用于竞技、探险、旅游、钓鱼、狩猎等活动。它为人们赢得了时间,又使人们在现代生活的紧张节奏中得到调整和放松,大大地丰富了人们的精神和物质生活。

摩托运动与摩托科技像两只飞轮载荷着摩托工业在生产竞争中高速前进,为人们提供更加经济、轻捷的交通和运动工具,体现了它的经济和科技价值。摩托运动还向社会提供参与运动和参与观赏两方面的独特的文化价值。它要求摩托手有强壮的体格、坚毅、勇敢、机智、果断的品质,和对车辆的精湛的驾驶技术,做到人、车、环境(赛场)的最优结合和各自的性能、技能的最高发挥。反过来,它又满足摩托手自我实现的高度心理需求。这是运动参与者的体育价值的体现。对观众它能大规模地提供人们对高速、惊险和英勇行为的欣赏价值。一次高水平的摩托比赛现场观众达几十万，更不说通过电视的间接的观众了，在险象丛生，高潮迭起的激烈竞技过程中，观众如醉如痴，刺激、震撼、亢奋，使人们的感官和心灵获得极大的满足。使某些失去平衡的心理得到调整，趋向新的平衡。这种社会文化价值是巨大的，也是一时难以估量的。

摩托车运动的兴起和发展，是同摩托车制造和生产改革紧紧联系在一起的，同时摩托车也是国家科技水平的一个检验。因此，摩托车运动从产生之日起，就同摩托车工业相互制约而又相互促进。

摩托车的发明与自行车有密切关系。1818年最早出现法国式摩托，1827年又出现英国式摩托均是以蒸汽机为动力，当然这只是摩托车雏形。

1881年美国亚利桑那州一个名叫科普兰的人发明一种车把下安装一个小蒸汽锅炉的摩托。这种车也不能称为真正摩托车，真正摩托车应装有汽油发动机。

19世纪末，欧洲一些工业发达国家，制造出第一代摩托车，开始只是将发动机安装在自行车上拼凑而成。

20世纪初，一些发达国家开始制造出真正的摩托车。为了检验其质量和性能，曾举办一些非正式比赛，逐渐形成了这个项目的国际性竞赛。第一次正式比赛是1904年在法国巴黎郊区柏山进行的。参赛国家5个，共11辆摩托车。趁这次比赛机会，成立了"国际摩托车运动俱乐部联合会"，1949年改名为"国际摩托车运动联合会"，总部设在日内瓦。

摩托车竞赛既是驾驶技术的比赛，又是各种新型摩托车的较量。早先比赛使用摩托车只有一马力左右，时速不超20来公里，如今已发展到30—40匹马力。

摩托车竞赛分两轮和三轮两种。两轮车型有50、100、125、175、250、350、500、500毫升以上多种，竞赛是同一等级上进行。摩托车比赛项目多，可分为越野赛、多日赛、障碍检验赛、环形公路赛、山地公路赛、耐力赛、冰道赛、草地赛、摩托车球赛、国际旅行赛等。

在美国，有600万人打网球；1200万人打高尔夫球；2000万人开摩托车。在被热情驱使的国度意大利，人们对摩托车的喜爱近于狂热，摩托车协会员达十几万人。日本被称为"摩托车王国"，1984年摩托车年产量已逾400万辆。

风靡世界的摩托车，被称为当代青年的宠儿，但远非仅仅是年轻人着迷。在一些国家五六岁的儿童就参加小车型摩托车比赛；六七十岁的老人，悠哉游哉开着摩托车去旅行；而那些下肢残疾者，尤其偏爱为他们设计的三轮摩托。从窄街僻巷到乡间小路，从沼泽泥泞到茫茫戈壁，从世界之巅到冰川极地，到处都有摩托车的踪影。

摩托车运动至今在世界风靡不衰！

奖杯的故事

优胜杯：这是世界上最古老的足球赛奖杯。1872年7月20日首次发给足球赛冠军，后来就延续下来作为足球赛冠军的奖品。它是由英国皇家工兵部队中一位热衷于足球运动的军官发起并定做的，然而此杯的遭遇是令人痛心的。

优胜杯在第一次颁发后就丢失了。当时，获得此奖杯的阿斯顿维拉队的队长把它高高兴兴地陈列起来，可是1895年9月15日，有人从陈列室橱窗里把它偷走。63年后，即1958年，偷窃者——哈里伯奇才供认是他偷走了优胜杯，他以为追究他罪行的时间已过。这个年过花甲的老头承认他偷了这个奖杯之后将它熔化并制成了一些假币。最可恶的是他竟然又将这些假币又卖给了阿斯顿维拉队的队员。现今此杯连复制品也没有了。

英国公开赛杯：这个奖杯是根据中世纪的一个故事中国王或骑士喝水

用品而制造出来的。它的外形很像古代中国酒壶。从1872年开始用它来赏赐英国高尔夫球公开赛优胜者。在这之前，给优胜者的奖品是一个镶有钻石的金属腰带。由于一位名叫汤姆·莫里斯的人1868—1870年连续获冠军，公开赛的组织者就决定将那件奖品永久地授给了他。由于没有奖品，第二年比赛也取消了。后来，三位有名的高尔夫俱乐部共同集资凑钱，定做了现在这个奖杯。最值得一提的是，这个奖杯令冠军们特别高兴的是，在他获得奖杯后几分钟，他名字就会被雕刻在这个奖杯上，这是这个奖杯最为独特的地方。

美洲杯：这个形状像水壶似的奖杯，原名叫"100畿尼杯"，它是现代体育项目中历史最悠久的奖杯之一。它是由维多利亚女王个人出资由伦敦金银匠加勒德设计并制造的。外形精美。这个杯是奖励环怀特岛帆船比赛的优胜者而设立的。它在1851年第一次授予了约翰·考克斯·史蒂文队。6年后，史蒂文队把此杯交给了纽约帆船俱乐部，该俱乐部以及美国政府十分看重这个奖杯。它在以后的134年中保持了不败的纪录。从1983年开始，美洲杯几经易手，后来落到新西兰人手中。到了1997年初，这只奖杯竟遭受到一次侮辱。由于它的精美，许多人垂涎三尺，有人嫉妒它。一个毛利族青年，由于自己民族遭受歧视感到不满，曾抢起铁锤砸它，使它受到严重损伤。

"骨灰"杯：这个奖杯的名字来源有一段有趣的故事：这个奖杯是板球赛奖杯，这只奖杯很特别，它从来没易过手，不管谁胜了，它总是稳稳当当端坐在伦敦洛兹博物馆的橱窗里。但是以它的名义举办的板球比赛却不少。这原因在哪里？

这要追溯到1882年，当时英格兰队在伦敦奥瓦尔板球场败于澳大利亚队，这次失败在全国引起了强烈反响，几天之后《体育时报》发表了一个死亡公告，公告如下："哀悼死于1882年8月29日的英国板球运动。它的伤心朋友们注意：已故的板球运动遗体不久将火化，骨灰将尽快运往澳大利亚……"两年后，英格兰赴澳大利亚比赛获得胜利，但人们却把盛着板球门柱灰烬的一个骨灰罐交给了英格兰队队长带回英国。至今，此罐仍保存在英国贵族板球场玛丽勒本板球俱乐部（即洛兹博物馆）的橱窗里，这就是世界著名的骨灰（罐）杯。

挑战者杯：很早以来，坐落在温布尔顿的英国草地网球俱乐部就十分重视颁发奖杯和奖品。它的博物馆的橱窗里存放了大量这样的荣誉奖品：盘子、钵、大碗……其中最有名的当然还得数自1887年以来每年颁发给男子单打冠军的挑战者杯。但因为温布尔顿网球赛，自称是世界上最重要的网球赛，所以，优胜者并不只得这一个荣誉，他还能得到另外两个奖杯：伦肖杯和英国国王乔治五世发起的、由王室的成员亲自颁发的总统杯。

斯坦利杯：这是每年用来奖赏北美职业冰球联赛的优胜队的奖品，也是自诞生以来变化最大的奖杯。随时间的推移，它的底座不断地增厚，以至于单独一个人，哪怕是大个子也很难把它捧在手上。它不断变化的理由很简单，每年都要把冠军队运动员的名字（至少有20人）刻在它的底座上。该奖杯由当时的加拿大总督斯坦利勋爵发起和捐赠，故此得名。但斯坦利本人因为在当年就回英国了，所以没有观看过任何一场比赛。1893年第一次颁发时奖杯只是目前这个奖杯顶尖上那一小部分。

戴维斯杯：詹姆斯·德怀特为在北美大陆推广草地网球运动做了很多工作。当时很有名的两位网球运动员——霍尔库姆·沃德和德怀特·戴维斯也在为发展网球运动而奔忙，后者在1898年，建议设立个表彰网球团体比赛（当时分4场单打和1场双打），优胜者的奖项，戴维斯杯由此诞生，但这个奖项到了1901年才正式颁发。因为在1900年的那场比赛中，参赛的英国人借口在加利福尼亚水土不服而认输，提前退出了比赛。从1912年开始，这项比赛就置于国际网球联合会的监督之下，成为名副其实的国际性比赛。

法国杯：1916年，当时法国一个足球协会的主席保罗·米肖为纪念他的朋友和秘书于1916年6月15日死在战场上的夏尔·西蒙而倡议设立的。这是一个重3.2公斤漂亮银质奖杯，固定在15公斤重大理石上。1967年，法国足协复制一个西蒙杯，从此法国各地足球俱乐部就争夺这个复制品而拼搏不休。

格致汇编

在我国《新体育》杂志创刊50周年庆祝会上，有人说《新体育》是我国第一本体育刊物。此话不够确切，应该说，《新体育》是新中国第一本体育刊物，因为，早在1876年，我国上海出版社就出版了《格致汇编》刊物。它虽非专门性体育刊物，但在该刊物断续在七卷28期刊物中，发表了大量生理、解剖、体育教育学、人体测量学、保健学和体育方法学方面论文和科普文章，在传播西方体育文化方面起到重要作用，它在实质上起到了专门体育刊物的作用。它在我国体育科学发展史上，必须写上着实的一笔。

《格致汇编》刊名格致一词，原是"格物""致和"简称，意思是穷究事物而获得知识。《格致汇编》是一种宣传西方科学技术的自然科学刊物，由于体育科学是人体科学的组成部分，由于人的自然属性，在属于社会科学同时，亦属自然科学范畴，这就使《格致汇编》中相当多的内容涉及体育这一领域。

《格致汇编》创刊于1876年，由英国传教士傅兰雅主编（John Fryer），一本面向中国人的科学杂志，为何由外国人任主编？这就要从当时的历史环境说起。

自从18世纪英国产业革命之后，世界发生的最深刻的变化就是封建藩篱的被粉碎与世界市场的出现。当世界上许多国家互相往来频繁出现在全球市场时，中国仍处在封建性的闭关锁国状况。1840年鸦片战争，资本主义列强的大炮轰开了中国大门，取得了通商口岸及传教、驻军、办学、出版特权。列强侵略中国是为了掠夺，但在这个过程中，资本主义世界一切好的和坏的，对中国有用和无用的东西，包括西方体育文化，都逐渐传了进来。当时，教会组织传播西方体育。教会组织在中国的文化教育活动，主要通过教会学校及稍后一些的基督教青年会来开展的，这是西方体育在中国得以传播并发展的一条很重要渠道。在上述历史环境和条件下，《格致汇编》季刊杂志才得以诞生，同时其主要编辑者由英国传教士承担成为重要因素之一。

《格致汇编》刊登体育方面内容相当广泛，现择其要介绍如下：

对女子体育的宣传：大约是有鉴于中国妇女身体畸形状况，《格致汇编》在创刊号中就载有题名为《西国农妇图说》，这篇文章文字不多，道理亦浅显，但与当时社会的传统观念大相径庭，实属新异奇章。文中写：

"妇人弱于男子，中西大抵然也。但能保养有方，操练身力，亦可体健力强，不啻男夫。如西国妇女，每于暇时，或抛球以为戏，或走路以遨游，或乘骑以赛驰驱，或操舟而自拨荡，此皆所以练身力者也。无论贵贱均为乐之。盖中国妇女，常居室闳，专攻女红之任，久闭闺门，不作陌上之游，又加以裹足之戕，而碍于行，是以闺闾之中，多为弱质，妇女即弱，则生儿育女多轻钞，西医论曰：凡人久居暗室里，或居无日光，而止有灯光之处，则血之红色愈淡……。若将城内富人，与乡间农夫相比，或将绮丽阁佳，与牧牛村姑相比，即易见，一则面红而体壮，一则面白而身弱。然富贵之家，居处顾食衣饰，事事胜于农家，其所以不及农家者，在乎不能多见清气、多见日光也……。"

对运动生理学浅说：《格致汇编》即以宣传自然科学为己任，故对诸如"运动对人体有何益处"、"为什么运动可以使身体强壮"、"运动减肥生

理机制"等问题刊载文章。其中《操练有益身体》一文例举法国某学校学生锻炼后身体测量结果,说明运动的益处:

"法国有大书院专讲武事,内有一门教人操练身体之力,每人操练之事记录簿内,查半年之各数,知有三要事:一、人身之力,所增数为15%—17%;二、肺能吸空气之事,每一百分能增16—20分;三、身体之重,每一百分增6—7分。惟身体体积见小,从此知肌肉与筋增多,则全身有益。但所增之力在初起三月内,至后三月内常有减力之事。可知锻炼身体应有界限,至其限可停歇,或暂时间断。"该期另一篇《西国嬉戏格致器说》附有多种身体测量器。

在1878年春,《格致汇编》发表了题为《勤惰辩》的文章,该文对世俗观念——世人多以惰则安逸而身状,勤则劳碌而体亏,作了极为精辟的悖论。作者指出器具、货具使用起来会逐渐消耗,但人的精神、气力却恰恰相反,"精神以磨励而日光,气力以勉练而日强",只有这样才能"精神充足、气力强健,疾病不作,年高康和"。反之,如终日懒散怠惰,不运动,就会精神萎顿、气力颓唐,疾病夭札。

西方运动方法学的介绍:《格致汇编》曾以"易筋西经"为题介绍西方简易运动方法,如棍棒操介绍。该文说:"华书有易筋之目,名曰易筋经,率以活动筋脉,壮练气力为要旨也,西国近年亦有多法,使人练气力以壮筋骨,如挥木槌、持重物、牵象皮等皆练力法也。近有人更设简法,用木杆一条,长略五尺……"以下详述操练之法,并配有图解。

综上所述,我们可以看到《格致汇编》在西方体育传入我国初期,对西方体育文化传播是有历史性贡献的。不过这时的中国始终没有体育科学的刊物和著作。直到1926年9月,才由郝更生博士,出版了中国第一部体育科学理论著作《中国体育概论》《Physical Educationin China》由商务印书馆出版。书中对体育理论中的基本问题,都记述甚详,而且附有多帧历史珍贵照片。随后在1930年,又由宋如海教授出版了中国第一部关于奥林匹克运动的专著《世界运动会丛录》又名《我能比呀》正式出版。这两部著作的出版，都同西方传教士在中国对西方体育科学的传播以及同"格致汇编"长期宣传有着一定关系。

探秘青春红颜

古希腊神话中有这样一个故事："全能的宙斯赐给曙光女神厄俄斯所钟爱的泰坦以永生，宙斯赐给他永生，却没赐给他永恒的青春。后来怎么样呢？过了几十年，泰坦神衰年老了，经常唠唠叨叨，使女神很快就厌倦了。厄俄斯为了摆脱这个老家伙，便把他监禁入狱。"

这个故事寓意深刻。我们大家一生追求的不是形式上的长寿。自古以来，许多人都活到耄耋之年，而我们追求的是能保持朝气勃勃、精力充沛、思想敏锐的工作能力。有句谚语说得好：有两种东西丧失后才发现它们的价值——青春和健康。的确，青春充满活力，健康带来生机，二者紧密相关。现代人健康的概念，已经包含着青春活力和良好的工作能力。也就是说，不把健康看作是生活的最终目的，而看作是争取使生命更高尚、更丰富所具备的条件。人们追求的是延长黄金时代，常葆青春，为人类做更多贡献。

世界著名作家肖伯纳晚年曾说过："衰老是令人苦闷的，但长寿必然要衰老。"看来这位聪明的英国人说错了，长寿而不衰老是可以做到的，而且这正是人们所追求的目标。让"人人青春常驻"是未来的生活旗帜。

由本世纪30年代末开始，有的国家如苏联将过去的"延长寿命研究所"改为"青春学研究所"，青春学是一门新兴学科，它是研究怎样保持、延长，甚至恢复青春的科学。人们就是要最大限度地延长人的最有活力的时期，即健康良好、体力充沛、朝气勃勃、知识和经验丰富、体能与高超专业相结合的时期，这就是人生的"黄金时代"。

学者们认为：这些问题不仅可以借助深入研究分子、细胞、基因或克隆来解决，而且可以靠持之以恒地运用增进健康的手段来解决。

人生下来后，只要生活方式能完全符合心理卫生、身体负担、饮食卫生、劳动和休息标准，就应该能延长青春，长寿到150岁。我们的机体有这样的潜力。我们每个人要做的事就是要把这种潜力发挥出来，这一点已经被无数体育、医学研究所证实。

可以断言，每个人在选择了一定的生活方式、饮食制度、体育活动方案、心理调节措施的同时，也就在一定程度上决定了自己的"黄金时代"年限。我们已经知道：跑步、做操、合理饮食、善于控制自己情绪等是恢复青春的最好手段。越充分掌握这些手段，越成功地把它们结合起来成为一体，就越有希望成为青春常驻、幸福长寿的人。特别是坚持不懈地从事体育锻炼尤其重要。

腿，人体的组成部分，它最先向那种永葆青春活力理想挑战。当人的智慧、智能和经验均达到顶峰时，人体最下面的这部分肢体便开始衰退，暴露出人类勇猛的虚伪性，动摇了人类的意志。

当青年男女迈进中年时，他们腿的功能便开始衰退——膝部僵直、大腿萎缩、关节僵硬肌肉作痛。"腿先老化，这是毫无疑问的。20年前，一周可以轻而易举地跑100公里，可现在能跑25公里就不错了。其实，动作的协调功能还未失灵，大脑也能发出正确的信号，但腿就是不听使唤。"

当然，我们不能让时间停滞不前，解决的办法是，不论一个人多大才开始运动，只要这种运动有规律，有活动量，就能起到减慢人体衰退速度的作用。

那么，为什么腿先老化呢？因为腿是人体中主要承受重量的肢体。腿中有人体中最大、最长而且最结实的关节和骨头，它们必须能一次连续几小时承受比人的体重大几倍的力量。

人在年轻时代，仅大腿骨就可以支撑一辆小轿车，犹如钢丝缆一样结实的肌肉可以使我们跳上台阶。但这些肌肉却经常要与大地的引力进行搏斗和为保持强壮而处于紧张状态。对20多岁的人来说，如果不积极活动的话，每10年预计可丧失5%的肌肉组织。超过30岁的人，由于心脏的供血能力可能衰退，因而供应给小腿和脚部肌肉的氧气会减少。与此同时，由于减少了钙的供应，会使腿骨软化、萎缩，坚韧性和力度逐渐降低。美国政府老年问题专家夏克工程师说，人到了80岁时，肌肉的力量可能要比在25岁时下降55%。

只要锻炼，一个人的耐力和活动能力在每十年中降低的速度可得到明显的减慢。如果我们保持肌肉的弹性和健康，在我们进入中年时，我们腿的活动能力应该保持我们在20岁时的80%。

什么时候开始锻炼都不晚。对老年人的研究表明，锻炼可以增加他们肌肉的力量和骨架的强度，减慢肌肉组织的损失。不运动通常会造成严重关节炎，至少关节活动困难。注重运动锻炼则可起到预防的作用。

锻炼能使一个人充满活力；有助于防止关节炎引起的并发症；防止发胖、抽筋、扭伤、骨折、疼痛以及其他中年人臀部、大腿、小腿、脚腕和脚部易得的病症。不可忽视的是，一生坚持进行体育活动、舞蹈和室外活动，直到生命最后一息。

如果你要同"退化的腿"进行斗争的话，首先要做一次身体检查，包括臀、膝和脚以及心和肺，然后买一双合适的运动鞋。

锻炼内容因各人兴趣、气候、时间及条件而异。慢跑、快步行走和长跑有助于增强肺功能和加强下肢力量，同时还可以减肥和降压，但不要运动过量。据长跑运动员、医生米尔金说，长跑对腿来说是最危险的运动。你想很快增加耐力，因此跑更长的距离来满足自己的欲望。但这种追求距离的欲望经常造成腿的损伤。

手球、网球、橡皮球和滑雪（下坡或越野）均可成为一个人生活的一部分，而且这几种运动可延续到50岁以后。唯一的条件是要坚持长期锻炼。另外，利用休息时间跑跑步也可以保持腿的健壮。

在所有的运动中，游泳大概是最安全的，特别是对关节炎患者和脚部有毛病的人来说更是如此。关节炎给关节造成了极大的压力，因此就连步行都可能使关节过于紧张。然而，专家们认为对几乎所有的人来说，快步行走是使腿部得到全面锻炼的最好形式。快走除了安全之外，还可使心、肺得到锻炼。步行的效果同跑步一样，只是步行需要较长的时间。

那些运动过量，不做准备而企图以"痛苦"来表现"刻苦"的人，常常会造成膝部和腿的其他部位的损伤。艰苦的锻炼经常会使肌肉产生某种程度的肿胀并造成微小的损伤，即使是身体健康的人也需48小时才能痊愈。因此，千万不要每天都剧烈使用同一部位的肌肉。专家们甚至还劝告职业运动员采取"紧—松—紧—松"的锻炼方法。例如，跑步与骑车、游泳交替进行。在每次锻炼之前要轻松地伸一伸肌肉。如果骑车，就要伸一伸膝盖上部和小腿的肌肉，如果跑步，就伸一伸小腿及大腿内侧和腰部的肌肉；如果慢跑，就采用20分钟走跑结合的方式，每周逐渐增加跑步的时间，每周慢跑不要超过3天。

科技与体育

美国由30年代末到80年代初，大力加强了体育科学研究，初步改变了过去落后于民主德国和苏联的局面。现在各国间的体育科技之战愈演愈烈。

为了提高运动成绩，人们不断求助于科学和医学，使古老的学科又有了新的用武之地。在把美国的先进科学技术应用于体育发展方面，美国奥委会可谓功劳显赫。

奥林匹克运动的理想就是使体育运动取得更好的成绩并给人们带来乐趣。为了实现这个理想，美国奥委会将其科研力量首先集中在那些最有希望穿上国家队队服的运动员身上。

体育科学家的形象不应是一个穿着白大褂、整天折腾烧杯、试管、酒精灯的人；其手段也不应是注射激素，或在运动员肌肉里放置微型燃料电池，通过遥控引发以增加肌肉的力量，或更换细胞与肌肉组织。

体育科学在美国一直不大为人们所重视，这使奥委会在这方面筹款颇为困难。资金不足引起人才短缺。尽管如此，奥委会还是大有作为的。为了最大限度地发挥优秀运动员的才能，奥委会建立了体育科学医学处，由著名药物学家罗伯特·沃伊领导。沃伊同时还负责体育医学研究。

负责体育科研的查克·迪尔博士的主要精力花在物力学的研究上，即从运动和技术原理的应用等方面对运动员的表现进行观察和研究。他说："就像工程师设计桥梁一样，我们设计运动成绩。"

通过把原来互不相干的医学和科学的许多学科结合起来，奥委会可以对运动员进行全面综合的观察。这种观察的目的在于提高教练艺术，改变只靠推测和臆想训练运动员的状况。1984年洛杉矶奥运会后，这方面的成绩尤其显著。

卡罗尔·海斯—詹金斯是克利夫兰市的花样滑冰教练，曾获1956年奥运会银牌和1960年奥运会金牌。她与生物力学家塞吉尔·阿莱金斯基合作，对她的学生托尼亚进行了综合监测。

海斯—詹金斯从美学角度进行观察，主要看节奏、韵律以及跳跃旋转等舞蹈表现。而阿莱金斯基则从重力、肌肉收缩、高低能级以及跳跃发力等方面进行观察。

他们的观察并非使用肉眼而是用高速摄影机和电脑。他们把所得资料汇总，列出图表及动作示意图，然后再讨论某些专题，如胳膊动作对发力的影响。根据讨论结果制订训练方案，纠正错误动作。

在田径场的一边，迪尔曼正和弗吉尼亚军事学院的田径教练一起对美国九名最佳的十项全能选手进行跳远项目的测试。一个价值5万美元、灵敏度极高的金属感应器被装在起跳踏板下面。它与电脑相接，可以垂直、前后、左右三个方向记录动力水平。利用它，科学家可以推算出运动员踏跳时损失了多少能量，进而提出修改技术的建议，以便把能量损失降到最低限度，使动力得到最大限度发挥。

迪尔曼说："我们发现他们在起跳前减速太多，这使他们失掉了起跳时的水平速度。经过计算，我们建议他们缩短步距，提高重心。当然，具体如何实施还要靠教练安排。"

从上面两例可窥见体育科学作用之一斑。

奥委会的体育科学室有五个项目：生物力学、生理学、运动心理学、计算机和工程学。体育医药室则分六个部分：药物检验、救护医疗、营养学、牙科、眼科和图书馆。

体育科学的威力是惊人的。人们用它对各个项目的运动员进行全面分析，发现许多在体育运动上带有共性的问题如：

一位长跑运动员无法摆脱疲劳便去请教心理学家吉姆·戴维斯，结果发现他有睡觉磨牙的习惯。找到了原因，他很快就从疲劳中恢复过来。

一只装在枪筒上的轻便激光器帮助射击运动员保持头部稳定。这是研究人员从军队中借鉴来的。

体操运动员学会了在做吊环动作时怎样减少关节的受力。他们佩带传感器能用电压单位把受力表现出来。由此得来的数据不仅可以帮助提高动作质量，而且可以防止拉伤肩、腕关节。

一位曲棍球教练认真分析了计算机输出的厚达60页的材料。该材料用图表详细描绘了一个守门员的反应时间和活动范围。生物力学家曾对这个材料进行分析并提出射门得分的最佳位置。

工程师尼尔森与其他科学家合作，从生物力学角度对赛艇运动进行了研究。他们改进了模拟训练用的测力计。通过对划桨技术的分解研究，他们发现背部与腿部的配合决定划桨的速度。他们还设计了微型数据分析系统，可以在训练的同时用电脑对运动员的技术进行分析，为教练制订训练方案提供了方便和依据。

曾是撑竿跳高运动员的迪尔曼认为，体育科学应帮助教练最大限度地发挥运动员的潜能。"显然，我们可以更进一步对运动员实行遥控。但那样，奥运会就成了科学家而非运动员的竞争。"

美国奥委会极力推进体育科学，从某种意义上讲是为同民主德国和苏联抗衡。早在30年代初期，民主德国和苏联就在体育项目中应用医学和科学。他们的成果在1976年奥运会上首次表现出来。从各项前八名来看，他们超过了美国。而从60年代起，美国开始领先。

现在正从心理、生理、生物力学及牙科与营养等方面对集训的十项全能运动员进行测试的迪尔曼说："通过生理测试（心率、肺功能和代谢功能），可以解决一些生物力学上的问题。另外，还要在心理和营养等方面找原因。智齿的出现、肌腱的扭伤乃至近日家人的亡故都会影响运动员的成绩。"

测试的手段是多种多样的，如摄影、录像、传感器、激光束、肺活量分析器等。另外，测试人员通过观察、记录以及和运动员直接交谈获取资料。

医生和药物学家则在研究如何制止兴奋剂的使用。1983年在委内瑞拉举行的泛美运动会上，数名美国运动员经药物检查后，被取消比赛资格，使得美国大丢其丑。事后，美奥委会立即雇用罗伯特·沃伊为首席医官，并且由他领导反兴奋剂的研究。沃伊上任后立即着手一系列药物检查的研究项目，改进各项技术，同时努力宣传兴奋剂的危害以便从思想上解决问题。他的工作成绩十分显著，使绝大多数运动员都了解了兴奋剂的害处并自觉接受药物检查，检查的准确性也大大地提高。

体育科学家当前主要是为有希望代表美国在奥运会和其他国际比赛上夺标的优秀运动员服务。但他们还有更高的目标，那就是把他们的成果奉献给广大业余选手和体育爱好者。例如，他们发现许多搞体育的美国人都有训练过度的倾向，往往事倍功半。科学家从生物力学、生理学、心理学、营养学等方面指导他们，教会他们如何提高训练的效率。再过5—10年，录像设备和计算机的发展将使人们可以在家里进行各种测试。人们将会更多地把科学应用于体育，并能够在自家院里对孩子进行科学的系统训练。

由奥委会工作人员和来自大学与企业的志愿者从事的、旨在使公众受益的体育科研项目遍及全国，不计其数，使美国在这方面一枝独秀。

巧妇难为无米之炊，再好的设想没有经费也是枉然。仅药物检查一项每年就要80—100万美元的开销。在这方面，奥委会有三个奖金来源。前两个是基本的，即企业和个人的捐款资助。第三个财源又是什么呢？正如体育科学处的电学工程师奇南所说："我们各处去借。同时，我们在各学科中注意寻找可以为我所用的技术与研究成果。"

广泛的科研网络弥补了奖金的不足。有53位来自各个大学的客座教授无偿地为奥委会短期工作，每位教授还有2—6个学生做助手。

美国奥委会与政府相对独立。它的基金十分有限，大部分要靠捐赠。下属38个专项协会也要自己筹款。这也是美国在体育科技曾全面或部分落后于苏联和民主德国等国家的原因之一。在那些国家，政府从财政上给体育科技撑腰打气。而美国人则以政府不能对体育运动指手划脚为自豪。

体育科学方兴未艾，在未来的奥运会上，它的效力必将日新月异，前途无量。

是是非非阴阳背叛

1968年在格勒诺布尔举行的冬季奥运会上，首次进行了运动员性别检查。一直未发现一例冒牌的男性女选手。但是1980年美国歹徒的一声枪响，却几乎使一位妇女失去了她往昔的奥运会金牌。

事情发生在1980年12月4日。这天，一名69岁的老妇，在美国克利夫兰突然遭到暴徒枪击，经抢救无效而身亡。但是这一寻常刑事案件，却在这个多事的世界引起了轩然大波。

凶杀案后出现在报刊上的报道，占主导地位的不是缉获凶手的消息，而是验尸官公布的报告：死去的这名妇女是男性。一时舆论哗然。报纸、电台争相报道，成了街头巷尾趣谈。她的性别问题，也引起了新闻界一场激烈争论。特别是当地的一些波裔居民，为此愤怒万分，认为这是恶意诽谤。她是谁，为什么会引起如此强烈反应？原来她就是一度显赫田坛、为田径运动作出重大贡献、为波兰争得不少荣誉的著名田径运动员斯坦尼斯拉娃·瓦拉谢维奇。

1911年4月11日，瓦拉谢维奇出生于波兰维什霍沃。1914年随父母移居美国克利夫兰。根据克利夫兰验尸官的最初宣布，瓦拉谢维奇出生时性别就不明确，男女两性染色体兼有，但女性成分多一些。在科学发达的今天，这种情形只要施行手术，就可以得到改变。在奥运会或大型国际比赛中，只要取运动员少许唾沫样品，也可鉴别选手真实性别，但在过去，由于条件的限制，却无法做到这一点。如果翻开奥运会或世界体育史，类似瓦拉谢维奇的情况在世界知名选手中也并不乏人。

瓦拉谢维奇移居美国后，改称斯特拉·沃尔什，但她仍是波兰公民，未入美国籍。她身体健康、发育很快，16岁时就身材高大，体格健壮，言谈举止，有似男性。她喜爱体育，尤其是田径运动。1929年她刚18岁，在一次60米跑比赛中成绩7秒6，成为当时世界上跑得最快的女子。翌年，她在美国田联举办的全美田径公开赛中，一人独得100米、200米和跳远三个项目的冠军。她在这方面的成就，可与当代田径巨星杰西·欧文斯媲美。1932年第十届奥运会在美国洛杉矶举行。已名噪田坛的21岁的瓦拉谢维奇代表自己的祖国波兰，并用瓦拉谢维奇的名字参加了这届奥运会。她在100米跑中为波兰夺得了一枚金牌，成绩11秒9，这是当时世界最好成绩。两年后，她远渡重洋，回到自己祖国首都华沙，将这项成绩缩短到11秒7，为女子田径史写下了第一个女子100米跑正式世界纪录。一年过后，她在华沙又创造了女子200米跑第一个正式世界纪录，成绩是23秒6。从1929年她创造60米跑世界最好成绩起，到1937年止，瓦拉谢维奇在50米、60米、80米、100米、200米、1000米跑六个项目比赛中，先后共13次改写世界纪录。在奥运会以及各国的田径公开赛中，她几乎是所向无敌。在她整个的运动生涯中，获得的奖牌竟达五千枚之多。这是一个多么巨大的数字啊！瓦拉谢维奇无愧是她那个时代的一名优秀运动员。

第二次世界大战的炮火，使瓦拉谢维奇失去了许多夺标和创造优异成绩的机会。当时，女子短跑运动员的运动寿命一般在7—8年左右，而瓦拉谢维奇却例外。1948年，她已37岁了，但仍精力旺盛。她兴致勃勃地参加了当年美国举行的全国田径赛。1953年，她的竞技状态仍然很好，跑、跳、投成绩都较出色，又成为一个优秀的五项全能运动员。

1956年，她在加利福尼亚州与一个叫哈里·奥尔森的人结了婚。婚后的瓦拉谢维奇没有间断训练，她还经常参加一些比赛甚至想参加当年在墨尔本举行的第十六届奥运会。但这只能是幻想，她毕竟年岁大了，甚至可以说老了。她已无望争得这个参赛资格了。从此她才永远告别田坛。如果不是这次凶杀事件，她将默默地死去，人们将永远不会知道她这个性别之谜。

瓦拉谢维奇性别之争，在她被害后持续了近十周之久。1981年2月，美国另一名验尸官发表了声明，他说，瓦拉谢维奇"她活着时和死去时都是女性"。至此，一场有关瓦拉谢维奇性别方面的喧嚣，总算得到了平息，否则，争论将持续下去，而奥运会史、田径运动史中有关瓦拉谢维奇那部分，也将永远是一笔糊涂账。

下面一些例子则令人瞠目：

1938年，德国人多拉·拉津以1.67米的成绩登上欧洲女子跳高冠军的宝座，可几个月后，当人们在汉堡见到他时，已改名赫尔曼，当了酒吧男侍者。

1946年奥斯陆欧洲锦标赛期间，雷亚·科尔拉和克莱尔·布莱索娃为法国队取得女子4×100米接力赛银牌立下汗马功劳。然而，后来他们都当了爸爸。

1966年，苏联田径明星伊利娜·普赖丝和塔玛拉·普赖丝姊妹在布达佩斯欧洲锦标赛前从苏联队隐没了，因为女性身体检查制度就是从那时开始实行的。

1967年，波兰选手艾娃·克洛布考斯卡被取消参加欧洲杯赛资格，原因是"女性特征不充分"。此前，她曾在18岁时获得过东京奥运会女子100米短跑第三名，在女子4X100米接力赛中，她在落后8米的情况下，奋起直追，为波兰队捧走了金牌。她19岁时，以11秒1的成绩创造了女子100米世界纪录。

最突出的例子是美国网球选手勒内娅·理查德。在1979年举行的美国网球公开赛上，45岁的勒内娅击败了24岁的弗吉尼娅·鲁济丝，显示了一个阴阳人的优势。勒内娅原名叫理查德·拉斯金德，是纽约的眼科医生，夺得过男子网球冠军，而且是一个孩子的父亲。他在1975年做了变性手

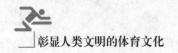

术，从而成为一名女将。

美国短跑明星格里菲斯·乔伊娜在第24届奥运会上再次卫冕成功，被誉为"汉城王后"。至今，她已连续三次夺得奥运会金牌，创造了奥运会100米纪录和200米世界纪录。她颇具性感的女性美是举世称颂的，但她强健的双腿和粗犷的嗓音却引起人们的非议。凡是在汉城奥运会上亲眼见过和亲耳听过她说话的人，都对那明显的男性特征暗自猜忌。她死后仍有人非议。

目前世界性别检验采用巴氏检查。德拉夏佩勒医学博士认为："巴氏检查法不仅具有诸多弊端，而且带有某种歧视性，因为它只能排除少数（10%）不应参加同'天生女性'竞赛的'女选手'，但又可能取消那些应该参加奥运会女子项目的运动员的资格。"

早在1968年，当这种验证性别的检查法首次在格勒诺布尔冬季奥运会和墨西哥夏季奥运会上实行时，吉尔贝特·德雷福斯教授已经认为巴氏检查法是极不可靠的。然而这种方法至今仍是国际奥委会医学委员会实行的唯一方法。

巴氏检查法是通过对人体细胞化验来鉴别运动员的性别的。在1968年正式采用该科学方法之前，女选手们都要赤身裸体接受纯妇科检查，以判断她们的内外生殖器官是否健全，但这种检查方法犹如"过堂"一般，使这些女选手，尤其是姑娘羞辱难言。曾获墨西哥奥运会女子游泳三项冠军的戴碧麦尔对当时的检查至今余悸未消，"那时我才16岁，还没来过月经。检查时，我心里忐忑不安，害怕自己经过多年训练，身上出现了男人特征。"

检查一名运动员是"纯女性"还是两性人，并非那么容易。女性化男人或男性化女人都同时具有两性特征，只是程度不同而已。因此，性别的界限有时会变得模糊不清，带阳刚之气的女选手越来越多，迫使奥委会在1968年正式决定实行性别检查。这项任务实施起来比设想的要复杂得多，检查的重点是三种类型的两性人。

首先是假阴阳人，即兼有女性或男性性腺和异性性特征的女性化男人或男性化女人。

其次是真阴阳人，即兼有睾丸和卵巢的两性人。

第三种是性腺发育不良，这种人的明显特征是内外生殖器官分辨不清。

德拉夏佩勒博士认为，所有这些检查方法都无法识破伪装巧妙的阴阳人。根据这些检查方法，某些真阴阳人和多数兼有女性特征和男性化肌肉组织的假阴阳人将被视为正常人，此为其一。其二是那些通过巴氏检证明是男性的人。尽管这类人中的一半有丰满的乳房，但他们的体格和心理状态都具备明显的男性特征，正是由于这种原因，这种人参加女子比赛项目的极少。其三是由于雄性激素分泌的刺激和肾上腺肥大而造成先天性肌肉发达的女人。这种女性往往像男人那样体魄健壮。但这种人多数症状不十分明显，严重畸形的是极个别的。

最后一种是常年服用蛋白合成激素的女选手。如果她们及时停止服药，完全可以混过药检查。她们在不失为纯女性的情况下，以非自然手段使肌肉组织男性化。漂亮的格·乔伊娜极可能属于这种情况。

巴氏检查法是对体育道德的践踏，因为它只能取缔少数不正当地占有优势的女选手。这不如由经验丰富的医师对运动员进行的身体外观和生殖器官的检查，这种简便可靠的老办法也许是既经济又有效的最好办法。

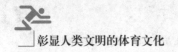

金牌背后的科技大战

当今的竞技体育迅猛发展，各项体育世界纪录屡屡刷新：究其原因是多方面的，但有一点是肯定的，那就是与世界高科技的发展有直接关系。在一定意义上说，世界竞技体育之争、金牌之争，就是高科技之争。发达国家为了创造纪录夺取金牌，都费尽心机地利用高科技来研制各种新的运动器材，创造新的训练方法，在世界体坛角逐中，为本国选手创造有利条件。

日本游泳名将木原美知子，曾以她个人的成功经验认为：裸泳可创造最好的世界纪录。事实究竟如何呢？荷兰人对穿泳衣和不穿泳衣时的阻力做过研究，发现不穿泳衣要比穿泳衣时阻力平均大9%。穿泳衣可遮住身体凹凸部分使之更趋于流线型，甚至在一定程度上水阻力引起的身体变形也会减少，有利于提高游泳速度。于是，游泳衣就成了主攻方向。在40—50年代丝绸泳衣称雄泳坛。50年代后期尼龙泳衣开始风靡世界。在80年代汉城奥运会上美国选手借助"大力士泳衣"取得好成绩，这种泳衣由超细尼龙纤维和聚氨纤维织成，其平滑度和伸缩性是普通泳衣的一倍以上。

跑鞋对提高赛跑成绩是个重要因素。自1894年首次采用钉鞋以后，其式样60年来没啥变化，直到70年代由于高科技的应用，迅速出现了许多新颖跑鞋。特别是近10年，专家们应用了快速摄影、电视摄影、测力传感器、氧气消耗测量装置，详细研究了跑步中重要可变因素。在汉城奥运会上，美国著名选手刘易斯失而复得的百米金牌，就获益于那双轻跑鞋，这双鞋是美国一家公司特制的，鞋底镶嵌着轻盈而坚固的陶瓷鞋钉，使其重量减轻20克。

要提高射箭的命中率关键是提高弓和弓弦的材料，1972年美国选手推出了秘密武器：一种用涤纶加聚脂的新型弓弦材料——称为凯布勒弓弦。用这种弓弦可由1200环提高到1250环。1985年，又一种超新高分子聚乙烯材料问世，又使射箭命中率有新的提高。

在美国高技术中心硅谷地下一个房间里，美国的一个奥林匹克雪橇队在用计算机设计的仿真世界进行雪橇训练以谋求在今年的冬季奥运会上夺金牌。而法国的企业联合组织也在利用计算机人工智能的最新成果争取夺得美洲杯帆船赛冠军。

硅谷图像公司和加利福尼亚大学的科研组织合作设计了一种仿真的雪橇模拟装置，它是利用计算机设计立体图像，将一个没有光亮的实验室转变成像冬奥会雪橇比赛赛场，使驾驭雪橇的运动员可能在沿跑道下滑时体验出最佳路线滑行感受，从而达到在实际比赛中提高运动成绩的目的。过去这种模拟装置费用极贵，只有美国国家航空和航天局及国防部才买得起。现在使用这种模拟装置进行训练比实地训练还可能省钱。雪橇模拟装置目前价格是10万美元，而美国奥林匹克雪橇队到法国阿尔贝维尔滑道做实地训练。仅旅行费就要花6万美元，而且只能做13次滑行训练，使用模拟装置，仅用3天时间即可进行300多次雪橇滑行。

硅谷图像公司经理哈伯特说：如果美国雪橇队能在冬奥会上夺得一枚金牌，那么将会在体育运动方面开创一个使用仿真模拟装置作为训练手段的一个新时代。

魔高一尺道高一丈

从20世纪中叶以来，借助生物化学因素提高运动水平、靠骗人的伎俩取得荣誉之风愈演愈烈，成为体育运动中的一个毒瘤，如果在重大国际比赛中自始至终没有查出服用违禁药物者，反会使人感到奇怪。

尽管国际体育界对这种败坏体育道德、违背奥林匹克精神的行为采取了种种对策，制定出一个又一个检查措施，但是随之出现的新的手段又会使人们一筹莫展。这正像犯罪和安全问题那样，制造商千方百计地制造各种防盗保险柜，小偷却在不断发明撬锁的新方法。

兴奋剂就像一个黑色的幽灵，驱之不散，赶之不尽。近年来，服用范围之广，遍布世界各地；被查出人数之多，达到前所未有的高峰。这个带有普遍性的问题，在发达国家较多，第三世界国家也不乏其人。这个困扰着国际体育界人士并且日益加重的"危机"，目前已经成为难以解决的世界性问题之一。

兴奋剂一词最早出现在非洲的宗教仪式上，后来传入欧洲并把其意义扩大，将兴奋、镇痛、麻醉等药物统称为兴奋剂。体育运动与兴奋剂有着纠缠不清的历史，可以追溯到古代奥运会。从公元前3世纪的古希腊奥运会起，运动员就开始食用菌类植物，以寻找附加的力量。

西方利用药物提高竞技成绩有很久的历史，早在1865年就有过记载，1886年首次出现因服用过量兴奋剂而导致运动员死亡的报道。

法国著名教育家顾拜旦倡导恢复了现代奥林匹克运动之后，化学药物又偷偷地进入奥运会的大门。1904年在圣路易斯第3届奥运会马拉松赛上，美国一名运动员在离终点还有7英里时体力不支，他喝了一杯白兰地、注射了两支药针后才跑完全程，捞到了一块金牌。这被认为是现代奥林匹克运动史上第一个服用兴奋剂的人。虽然当时许多人提出抗议，但因组织者对此并无明确的规定，结果是不了了之。

随着科学技术的发展，可供运动员使用的兴奋剂的种类越来越多。1960年罗马奥运会，丹麦运动员丹森在参加自行车计时赛时突然死亡，据说是服了兴奋剂。从此以后，检查运动员是否服用兴奋剂的必要性增加了。

1961年国际奥委会成立了医务委员会，其主要任务不是检查兴奋剂，而是为了确认女子运动员的性别。由于丹森的突然死亡，医务委员会职责也扩大到对使用药物进行管制。

1968年墨西哥城奥运会上，也就是现在的医务委员会主席、比利时的梅罗德亲王任职一年后，运动员开始接受有系统的兴奋剂检查。1976年在蒙特利尔奥运会上查出了第一批尿样呈阳性者，7名运动员因服用类固醇被取消了资格。

从70年代末期以来，滥用兴奋剂的做法已变得非常明显，当时对奥林匹克运动和整个体育事业的威胁已远远大于职业和商业化。运动员使用兴奋剂从根本上打击了体育的可信赖性，它比本世纪以来任何一种危害体育的弊病都更加从根本上摧毁公众对体育的信任。

1968年奥运会时，国际奥委会最初规定的禁用药物只有8种，不过这一数字很快直线上升。1972年变成26种，1976年为58种，1984年是69种，1988年为101种，1992年巴塞罗那奥运会时已扩大到107种，划分为7个大类，其中有包括用于减轻疲劳、提高比赛意志和对抗性的刺激剂，有可以使肌肉麻醉、降低痛感的麻醉止痛剂，有掩盖尿中所含药的剂量、减轻体重的利尿剂以及加速肌肉增长、增强耐力的合成类固醇等等。

由于人类在化学技术方面的迅速发展，有些促进成绩提高的物质近年来也被列入禁用药物清单内。1988年卡尔加里冬季奥运会时就有一种还查不出的药品，名字叫EPO。据说这种被列入禁用药物的药品能增加耐力，本来这是用来防治肾衰竭的，凭医生处方可在市场上买到，现在这种药物却被用来提高运动成绩。这种药物注射后48小时痕迹全部消失，只能要求在运动员身上查找注射针眼才能找到。

运动员服用兴奋剂不仅损害本人的身体健康，破坏了使用者的幸福，而且给体育的精神带来了重大危害，使人们对纯洁体育的信心日益下降，动摇了人们对优异成绩和奖牌的信任感。

借助药物提高成绩，损害了体育运动中公平竞争的原则。1988年第24届奥运会上男子百米决赛，绰号"黑色火箭"的加拿大选手本·约翰逊创造了9秒79的世界纪录，但是24小时后，这一特大喜讯又闪电般地变为特大丑闻。约翰逊被查出服用兴奋剂！被人们崇拜的偶像立刻变成了遭人唾弃的小丑。如此的"辉煌"，在奥运会历史上前所未有。

兴奋剂在塑造"超人"的同时也断送了运动员的运动生命。运动员一旦被这个幽灵缠身是很难甩掉的。还以约翰逊为例，5年后的1993年，当人们已经原谅了他的时候，重返赛场的约翰逊又"旧病复发"，一次药检他的尿液又呈阳性，含大量的睾丸激素，最终受到了终身禁赛的处罚。

为了对付药检，有些人什么办法都想得出来。据说那些知道自己有可能被检查的运动员，无论走到哪里，用具包里总带着一份"干净"的尿样，这份尿样是其他朋友所提供的，以便遇到检查时行"调包"之计。

另外还有一种使人听起来就感到害怕，运动员本人也感到痛苦的伪造方法，即短时间内将一根导管插入没有兴奋剂成分的尿中，然后按要求通过"自然"的过程排泄出来。小袋的干净尿也能藏在其他的孔洞里。这些方法，普通人听起来颇觉荒谬，其实就像借腹怀胎一样，这只不过是机械控制的世界里的又一做法而已。服用兴奋剂除了与体育运动的宗旨背道而驰外，更严重的是损害了运动员的健康。科学试验已经证明，滥用兴奋剂会损害健康，甚至造成死亡。运动员出现的病症常常有脂肪代谢紊乱、肝功能异常、心脏和循环系统衰竭、性别变化、中枢神经功能下降等等。

1987年原联邦德国的优秀女子铅球选手德雷瑟在一次训练中突感腰部剧痛，被送往医院抢救无效而死亡，年仅26岁。据报道，她为了在汉城奥运会上取得好成绩，曾服用和注射过近100种药物。虽然她的成绩从原来的世界第33名跃居到前10名，但却断送了生命。

据报道，前苏联一名医生1987年说，他查出了200名年轻的退役运动员患有前列腺癌。德国一家刊物1993年初发表文章说，近年来已有100多名运动员因服用兴奋剂导致死亡。

兴奋剂既然会使人致死，为什么仍频频有人去闯"红灯"？这是因为，奥运会金牌得主可以得到大笔奖金，体育赞助商会接踵而至。有了名气，拍电视、做广告，收益甚丰，得到的金钱甚至可供运动员本人和他的家庭享用终生。在金牌背后所藏的荣誉、金钱以及各种名利的诱惑实在是太大了。

约翰逊在百米决赛前，许多大公司的人马便来到汉城，只等约翰逊金牌到手，支票也就到手。然而事与愿违，约翰逊丑闻暴露，这些公司失望之余，立即宣布取消合同。

为了纯洁体育，对付兴奋剂这个魔鬼，自从国际奥委会成立医务委员会以来，已经在世界各地建立了20多个药检中心，各国际体育组织也投入了巨大的人力、物力和财力。仅药检一项，洛杉矶奥运会耗资200万美元，汉城奥运会耗资300万美元。国际体坛每年检查4万例尿液，耗资高达6亿美元。1988年汉城的检查方法是奥运会获得前4名的选手，比赛之后必须进入一个有警卫看守的房间，在官员监视下交出尿液样品，然后由检验人员立即将其分装在甲、乙两个瓶内，甲瓶马上检查，乙瓶存放在一个上了锁的冰箱里。如果甲瓶经检测有禁药成分，该运动员、他的教练及领队就会被请到药品检测中心，亲自目睹乙瓶检测情况。加拿大的约翰逊就是经两次检验，前后经过18个小时。约翰逊在与教练、经纪人、母亲及领队商议后，才交出了百米短跑金牌。估计这位"落难飞人"在财富上的损失要以百万美元计算。更糟糕的是，测试发现约翰逊体内的睾丸脂酮含量低得不正常，只有长期用药才不会妨碍体内类固醇的自然分泌。

服用违禁药品在当代体育界已属司空见惯，据专家估计，世界著名运动员中，有50%或更多的人靠服用药物提高成绩。然而，人类为之付出的代价也是昂贵的，据一些资料的统计，战后约有百余名运动员死于非法药物。古代有不少人"服食求神仙多为药所误"，死于妄想成仙得道的迷信之中。现代的体育明星们几时才能悟得服食求金牌，多为药所误的道理并从成名发财的强烈欲望中清醒过来呢？

在这些药检中心的精密仪器面前，几千种被列入禁药名单的药物都会暴露无遗。不过种种能逃避检查的方法也在悄悄研究与发展中。究竟有多少尚未被揭露出来的选手在服用兴奋剂，这是一个谁也说不清的"百慕大之谜"。

值得庆幸的是，近几年来国际上加强了反对兴奋剂的斗争，世界各体育组织已联合起来制定防范措施，对违犯者的处罚也越来越严厉。1984年对违禁选手的处罚是停赛18个月，1988年改为第一次查出停赛2年，重犯者终身禁赛。

1988年11月联合国教科文组织召开了各国体育部长会议，批准了奥林匹克反对服用药物的章程，指出各国体育部门、政府及国际体育组织都有责任与体育运动中的服药现象作斗争。

1993年9月在伦敦召开了第3届世界反兴奋剂大会。一些体育组织还呼吁实施血液检查，以弥补尿样检查的不足。国际田联几年前就开始了在全球范围内的"飞行检查"，运动员训练期间，药检人员会用突然袭击的方法进行抽查。这对于那些平时服用药物到了大赛前就停药的运动员颇有威胁。

国际田联又作出决议，只凭一个尿样的检查结果就可对运动员实行禁赛，而不是两个尿样都检查完毕后才宣布，这样也简化了检验的手续。今年2月，联合国和国际奥委会联手又向毒品宣战。双方签署了一项联合声明，希望通过国际奥委会和世界优秀运动员的努力，规劝那些无知的青少年不要碰那些令人颓废的毒品。

20多年来，奥委会有关机构不断宣布增加违禁药品的种类，同时增添检测设备，但是发现服用违禁药品的运动员却一届比一届多，所服药品的品种也愈来愈多，正是"道高一尺，魔高一丈"。为了发扬奥林匹克精神，国际奥委会已经把彻底查禁违禁药物作为今后工作的重点之一，显示决心要与以身试法者斗争到底。

欢快而血腥的盛会

1972年深秋，以好莱坞著名导演沃尔帕为首的8位电影大师推出一部得到国际奥委会高度评价，受到各界大力推崇的大型艺术纪录片《1972慕尼黑奥运会》。沃尔帕是热烈的奥林匹克崇拜狂，虽然摄制过上百部故事片和纪录片，两次荣获奥斯卡金像奖，40次获过其他各种奖，但依然念念不忘拍摄关于奥运会的片子。1972年他终于得到机会，他执导了一部艺术性极强的纪录片。影片一开始，是一组瑰丽壮观的日出镜头，只见那喷薄欲出的红日渐渐迭化为熊熊燃烧的奥运圣火；在圣火的辉映下，慕尼黑奥运会缓缓拉开了序幕。

德国，曾经是两次世界大战策源地。慕尼黑，更是纳粹法西斯发迹老巢。为了重新塑造联邦德国战后形象，组委会主席道默为这届在曾经有过惨绝人寰黑暗历史的国土上举办奥运会定下了"欢快、充满人情味"的主调，以便让世界各国青年在那里体验无拘无束的潇洒和饱含情感的真诚，使奥运会真正成为世界青年欢快的节日。

45岁的斯图加特建筑师拜尼施设计并主持了令世界耳目一新的帐篷式顶棚奥林匹克中心的建筑工程。独具匠心的拜尼施以蜿蜒的奥林匹克湖为背景，用出人意料的手笔将该届奥运会的主要比赛场馆包容在连绵的帐篷式悬空顶篷之下，以横空出世的气势将体育馆与自然景观融为一体。给激烈的比赛带来了温馨。这个世界建筑史上堪称杰作的大型建筑群，为慕尼黑增添了不少姿色。慕尼黑奥运会之后仍有2.6亿各国游客前往观光。建筑师拜尼施本人也因这划时代的杰作而跻身于世界著名建筑大师的行列。

慕尼黑在奥运会开幕前后还组织了57场歌剧、9场轻歌剧、10场芭蕾舞剧、8场合唱音乐会、43场交响音乐会、24场独奏或宫廷音乐演出，为即将开幕的奥运会创造了具有浓厚文化色彩的氛围。

开幕式也独具特色，不是用礼炮，而是用充满民族特色的阿尔卑斯大号来发布联邦总统出场信号；不是进行曲而是分别具有参赛各队不同民族特色的乐曲来伴奏运动员入场式。如用"格林卡"伴奏苏联队入场，用"听，外面什么来了"伴奏德国队入场，用"美丽的阿美利加"伴奏美国队入场……入场式就在这欢快热烈的气氛中进行。

组委会还一反惯例，不使用戎装的军人护卫奥运会会旗，而是由联邦德国1968年墨西哥奥运会8人赛艇金牌的运动员护卫五环旗入场，奥运冠军护旗，既突出了体育的主题又增加了欢快热烈气氛。

组委会在奥运史上第一次选择了一位女性——联邦德国跳远明星舒勒代表全体运动员宣读奥林匹克誓词。

承担水上项目比赛的基尔市，在14艘货轮上摆下4000个座椅，临时兴造了一个神话般的水上看台。

空前的奥运热，席卷了联邦德国，慕尼黑奥运会实实在在地成了一届欢快、充满人情味的奥林匹克节。

在运动会第11天的黎明时分，巴勒斯坦恐怖分子绑架了11位以色列运动员，将他们当人质扣在奥运村内并杀死其中两人，其余9人也在当天夜里警察发起进攻时与5名恐怖分子一起死于枪战。这是奥运史上首次出现凶杀案。尽管当时慕尼黑笼罩在一片悲伤气氛之中，奥运会还是涌现出一批优秀运动员。其中有拉·维伦，这位脸色苍白但极具自制力的芬兰警察，获得5000米和10000米两块金牌，再次为"长跑之国"增添了光彩。

还有浓眉大眼体壮如牛的苏联举重选手阿历克谢耶夫以及他柔弱娇小的队友、体操女选手科尔布特都有出色表现。17岁的奥尔加在全能比赛中从高低杠上摔下来，以致只得了个第7名，当时她伤心地哭着跑回了自己座位，一天之后，她在单项决赛中赢得2枚金牌和1枚银牌，数百万美国妇女为之倾倒，随即掀起一股体操热。

　　东道国选手，表现最出色的要算女学生迈法特。16岁的迈法特在上千名同胞的注目下，平了1.92米女子跳高世界纪录而成为奥运史上最年轻的田径选手。

　　尽管群星灿烂，但任何人在22岁美国泳将施皮茨的面前都黯然失色。他1人独得7枚金牌，是迄今为止在一届奥运会上获得金牌最多的运动员。更令人称奇的是，他每一项自己夺冠的项目都打破了世界纪录。正因为施皮茨在游泳运动的杰出贡献，1999年港报评选世纪十大体坛巨人，施皮茨榜上有名。

　　施皮茨是一位自负的英雄。奥运会后他拼命挣钱，第一年的合同就使他挣得500万美元。他放弃了医学院口腔专业，经营广告业务。在他家里，他妻子马克布置了一个私人展厅，那条慕尼黑创7项世界纪录的星条游泳裤精心装在一个有机玻璃盒子里，奥运会金牌都藏在安全的保险盒中，其他奖牌挂在墙上。施皮茨虽然经商，但心里依然眷恋着游泳运动，在25届奥运会前，他曾想参加比赛，但他的这一愿望未能实现。勃拉金娜获1500米金牌。

　　本届奥运会的一个新动向，就是东德的全面崛起。按获金牌总数计算，苏联获50枚金牌，美国获33枚金牌，东德获20枚金牌，西德获13枚金牌。

震惊世界的慕尼黑血案

现代奥林匹克运动创始人顾拜旦在其名著《体育颂》中说："体育，你就是和平。"抒发了自己的感想。1896年第一届奥运会开幕式上，人们把象征和平的白鸽放到天空。火炬是古奥运会光明和和平的象征，这都表明奥运会不只是运动技术的竞赛，更是维护和发展和平与友谊的盛会。然而，谁曾想到，第一起震惊世界的劫持人质血案就发生在这个神圣的场所——1972年慕尼黑奥运会。

1972年9月5日，凌晨4点30分，在距离奥林匹克体育场仅几百米的奥运会选手村，当选手们在酣睡时，7名巴勒斯坦"黑九月"分子制造了一场悲剧。

这些恐怖分子化装成运动员，背着藏着枪支的运动背包，越过两米的架有铁丝网的栏杆，径直朝科隆利街31号——一座三层楼冲去，路上只有几个行人看见了他们，却以为是晚宴才散的选手们调皮而已。这座楼住着以色列、乌拉圭等代表团的男运动员，而恐怖分子的目标是以色列人。

以色列举重教练摩西·温伯格听到杂乱的脚步声，推门出来正想喝斥，一排机关枪子弹击中他的腹部，这位才当了5个星期父亲的以色列人当即倒在血泊中。

他倒下了，却不是头一个丧命的。举重选手约瑟夫·罗曼诺想用门挡住入侵者，然而，穿过门扇的机关枪子弹把他当场打死。

枪声，温伯格的喊叫声，使几名以色列人得以翻窗逃走。

逃出去的人报了警，警方马上切断了交通，包围了现场，在四周制高点布满了身着防弹背心的枪手。

记者们闻讯马上赶到现场，电视台的直播镜头一整天都对着那幢房子。在很短时间内，通过电台、电视台、报纸，全世界都为这一消息而震惊：11名以色列选手被恐怖分子押作人质，其中一人残废，一人重伤。

半个小时后，恐怖分子丢出了一个纸条，要求以色列当局在当天上午9点钟以前释放256名巴勒斯坦政治犯，并要求西德当局提供撤离的飞机。否则，他们将在期限之后开始枪杀人质。

一片混乱之后，西德当局、警方、组委会和国际奥委会在附近的组委会办公楼组成了临时指挥部。

当时的国际奥委会席艾弗里·布伦戴奇在没有召开会议，也没有通知其他国际奥委会官员的情况下，代表奥委会坚决主张奥运会人质不能离开西德。而另一种意见则设想把人质和劫持者转移埃及，然后通过谈判解决问题。

慕尼黑至西德首都波恩、以色列的特拉维夫、埃及首都开罗以及突尼斯之间的国际长途电话在不停地响着。

与此同时，奥运村村长尔特·特罗格和慕尼黑市市长在楼内与劫持者开始了长达14小时的谈判。

现任西德国家奥委会秘书长的特罗格回忆道："我们在第一层的一个房里看到三名以色列选手被五花大绑捆在床和椅子上，两名枪手的枪口指着他们。"

"还有两名以色列人倒在血泊里，一名奄奄一息，另外一个已经断了气。"那奄奄一息的就是温伯格。在村长的要求下，他终于获释，却死在去医院的路上。

无论采取何种办法，当务之急要使人质获释。村长和市长提出由他们留作人质，支付劫持者提出的任何数目的款项，并保证他们安全撤离。劫持者拒绝这些建议。

期限一次又一次地到期，又一次一次地后推，谈判毫无进展。

以色列驻西德大使向西德政府转达了以色列首相果尔达·梅厄夫人决不释放巴勒斯坦政治犯的决定。不过，她表示可以考虑把人质和劫持者都转移到第三国埃及再进行谈判。

夜幕降临，气氛越发紧张起来。夜里10点，恐怖分子终于同意跟人质一起撤离。

一辆军车开到楼前，恐怖分子在仔细搜查了之后，押着人质上了车。车子沿着下车道，驶出奥运村，靠近停在附近的三架直升飞机。

恐怖分子押着人质上了头两架，第三架坐着村长、市长和一名内务部长。直升飞机起飞了，飞向北大西洋公约组织在西德菲斯藤菲尔德布鲁克的军用机场，恐怖分子准备在此换乘波音707客机。

第三架直升飞机抢先着了陆，西德警方早已决定在换机时采取最后行动。5名神枪手配备了夜里使用的红外线高倍瞄准镜，枪口对准了恐怖分子乘坐的直升飞机。

那两架飞机停稳后，从里面出来了四名恐怖分子，两名押着飞行员和助手，另两名去检查波音707客机。

警方的枪响了，头一轮射击打死了三名恐怖分子，而一名飞行员也被乱枪打死。剩下一名恐怖分子钻到直升飞机底部顽抗，临死前，他打死了了望塔上的一名警察。

随后，枪声停了下来，四周陷入难以忍受的沉寂中。在一小时的间歇中，西德警方正准备发动总攻。

就在此时，警方忙中出错，向守在波恩电视中心的首相勃兰报告：机场行动已获成功，人质安全无恙。这个消息，通过首相，通过电波，传向了全世界，人们都松了一口气，庆幸这场骚乱没有酿成大惨剧，守了一天的人们都去睡了。直到4个多小时之后，悲惨的真相才公布于世。

那是午夜刚过，剩下的三名劫持犯跳出机舱，跑出一段路后，返身向飞机投出了手榴弹，一声巨响，飞机爆炸了，所有人质无一生还。

警方抓获了那三名恐怖分子，结束了历时20多小时的流血事件。打扫战场后，发现了共有17人在这个事件中丧命：11名以色列人，4名恐怖分子，1名警察，1名飞行员。

次日，奥运会停赛一天。9月7日，比赛在布伦戴奇的坚持下继续进行。选手们的心都被这悲剧压得沉甸甸的，欢乐的气氛消失了。然而，在此后的4天里，他们却刷新了十项田径世界纪录，这难道不是奇迹？

这个奇迹对那血淋淋的惨案来说，却黯然失色。

人们不禁要问，为什么会发生这样的事？为什么又偏偏发生在奥运会期间？

《卡洛斯情结》，一本关于恐怖主义的书的作者在写书时采访了一名组织人员，对于上面的问题，他非常自豪地回答道："我们很清楚运动已经成为现代西方的宗教……因此我们决定利用奥运会——这个宗教最神圣的庆典——来让世界注意我们。"

正因为如此，在慕尼黑奥运会以后，不少人怀疑是否有必要召开这样大规模的运动会。因为规模太大，奥运会更容易被各种势力用作它们表演的舞台。

9月6日清晨，前联邦德国警方在奥林匹克中心将谋杀事件公布于众，当天上午奥运会全部比赛停止。大会组委会在奥林匹克体育场举行追悼会，慕尼黑歌剧院的交响乐队在悼念开始演奏了贝多芬的《哀格蒙特序曲》，人们怀着沉痛心情悼念死去的运动员。由于恐怖活动影响，对于奥运会是否开下去，国际奥委会中产生了分歧。

荷兰代表团由于受压力而准备回国。一些阿拉伯国家代表出于安全考虑也打算撤出。在这乱哄哄的时刻，布伦戴奇坚持要把奥运会开下去。9月7日，国际奥委会执委会发出声明："为了体育，也仅仅为了体育，奥运会继续开下去。"

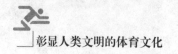

"比基尼"变奏曲

　　1946年6月30日，在太平洋马绍尔群岛最北端的比基尼小珊瑚岛上，美国进行了震惊世界的原子弹海上试验。比基尼（Bikini）这个沉浮在万顷碧波中的小岛，在人们的记忆中，本来很快就会被流逝的时光冲刷得一干二净。但是，比基尼不但没在人们记忆中消失，反而名声大震，几乎人人皆知。原来就在美国进行核试验后几周，在法国巴黎爆发了一起具有同等威力的爆炸性事件，使"比基尼"这一名称不胫而走，风靡全球。

　　法国著名游泳服设计师露易斯·雷阿尔在巴黎首次推出一种别出心裁、令人咋舌的新式泳装，他给这种泳装起名叫"比基尼"。比基尼泳装由三小块布片组成，俗称"三点式"。比基尼小巧玲珑，把它揉成团，一只小小火柴盒足以装下。比基尼刚问世时，巴黎街头那帮装腔作势的专业模特拒绝问津。第一位斗胆在大庭广众下穿上"比基尼"以显示自己优美身段的不凡女子，是一名脱衣舞女米查尔·伯娜蒂妮，她在一家游泳池边勇气十足地穿上"比基尼"，使云集而来的记者们哗然。但这时，"比基尼"在商店里备受冷落，直到几年后这种泳装才开始受到人们垂青。"比基尼"热一经蔓延就以排山倒海之势冲击着整个西方服饰文化，这在服装史上是从来没有的。1956年"上帝创造女子"健美大会上，比基尼已经成为衡量女人情感的唯一标准。在法国，曾有人公然声言："比基尼"代表着女性的独立和自主。当年雷尔德狂呼："越裸越美。"在他眼里"比基尼"已经不是泳装，而是结构工程学在现实服装上的运用。另一位设计师鲁迪·格林里更是有过之而无不及，他继承了雷阿尔的衣钵，加以发挥，于1964年公然抛出一个令人作呕的泳衣。这种泳衣，嫌三点式点数太多，竟然取消了胸部两点，就连遮住臀部的最后一点也越来越窄，泳装已经到了几乎堕落的地步。在格林里泳装设计思潮的影响下，欧洲有的国家妇女，就连最后一块布也觉得累赘，索性什么也不穿，一丝不挂地下水了。有的国家开辟全裸体公园，在公园里游泳、走路和生活，男女一律裸体，美其名为"回归自然"。

在一段时间里这种"越裸越美"的潮流已经过时，极度裸体再也不像过去那样时髦。女人们已经学会自尊、自爱，开始要保持自己那种特有神秘感，大多数服装设计师开始认认真真、规规矩矩设计比较正统的泳装。夏天，无论是在迷人的海滩，还是在豪华的避暑胜地，大多数女子的泳装都完完全全地遮起自己的臀部，连中隔也都盖得严严实实。

但是，事情并非那么简单，比基尼是赋以女性身体的自由，是否将其展示，对此人们进行了几十年的争论。

在世界各地有关雷阿尔的爆炸性新闻总是接连不断。他在80年代中期去世时，已是腰缠万贯的百万富翁了。他那裸露人体禁区之一——肚脐部位的三点式服装为人类开辟了一块能充分显示美丽胴体的新天地，作为一名研究空气动力学的工程师，他将自己对流线物体的认识与女性柔美的身体曲线充分地结合起来，并通过比基尼的展示产生了预期的强烈效果。

那时，除了亚历山大港和地中海其他一些港口中表演肚皮舞的舞女外，还没有其他人敢穿上一件暴露肚皮的衣服来向世俗传统挑战。后来那些在雷阿尔原版式样的基础上演变出来的如巴西"探戈"式、夏威夷"草裙"式以及其他一些更加开放的地区出现的各种款式，只是将人们的目光更加集中到了女性曲线突出的部位，而裸露腹部、上下两截的式样却始终没变。

然而，一种被称为波利尼西亚式的两件式泳装使比基尼步入普通沙滩装的行列却是以后的事。1957年《摩登女郎》杂志对此种泳装做了预测，并坦言其鄙视之意："毫无必要在这种所谓的比基尼泳装上浪费口舌。因为，很难想象将来一个正经的女孩会给自己穿上这样一件衣服。"

尽管当时假道学盛行，但随着人们对日光浴的日益崇尚和大众旅游业的蓬勃开展，比基尼泳装还是突破了道德上的禁锢，像牛仔裤和茄克衫一样，成了人们所喜爱的服装之一。不过在西班牙，当时的新闻纪录片中曾出现过这样的镜头：几名治安警察要求那些来自斯德哥尔摩等地的瑞典女郎在比基尼泳装外再穿点衣服，否则就得请她们到警察局走一趟。与此同时，比基尼泳装所带来的美感冲击波也辐射到了作为邻居的法国人身上。在存在主义哲学的影响下，他们希望也能赋予身体更多愉悦的美感。后来，也正是由碧姬·芭铎在罗欧·瓦丹导演的《上帝创造了女性》中，身着比基尼频频亮相，使法国人忘却了核试验所带来的一切烦恼。而在这部电影之后，芭铎与瓦丹喜结连理。

那时，邦德女郎的首次亮相也引起了像在那座波利尼西亚小岛上爆炸的原子弹一样的轰动。现年70多岁的乌尔苏拉·安德列丝，作为第一个邦德女郎，在《007大战诺博士》中向人们展现了她那曲线毕露的身材。此后，该片的男女主人公肖恩·康纳利和安德列丝从片中获益无穷：前者一直使其演艺事业处于高峰之中，后者则在其妙龄佳期为《花花公子》拍个人真照，当时的媒介曾将其形容为"潇洒无忧，赤条条来去无牵挂的人"。

当法国人在五六十年代用他们自己对比基尼的理解在戛纳电影节上出尽了风头之后，美国人则以更加简洁、明快的风格推出了富于运动气息的比基尼泳装。这使得加利福尼亚不仅成为日光浴爱好者的天堂，也变成了一个欣赏女性胴体的好去处。随后，身着三点式运动衣的户外慢跑运动也应运而生。与此同时，在威尼斯道上、在马立布海滨浴场及在棕榈海滩上身着比基尼泳装的沐浴女郎已随处可见，她们将紧身胸衣留给了历史，在沙滩小伙子们那轻快的《加利福尼亚女郎》歌声的相伴之下，随着简·方达健美操的韵律尽情舒展着女性成熟健美的体魄。

因《白色的静寂》一书而获得"诚挚微笑"奖的何塞·卡洛斯·索莫萨曾说："比基尼带着无可拯救的痼疾迎来了它50岁的生日。今天，人们已明显地感到比基尼再也无法像过去那样引人垂青了，这不能不说是个遗憾。尽管有些女人身着比基尼时比裸体显得更加性感。"

作为一名精通心理学并对恋物心理有所研究的职业心理学家，索莫萨也涉及了对衣服式样的研究："比基尼第一眼看上去，与其说是为了遮掩女性的身体，还不如说是为使被遮掩的部分更吸引人们视线。因此，从这一点来看，比基尼比全裸体更具挑逗性，就好像给女性身体的禁忌部位贴上了进行展示的标签一样。在这个意义上，比基尼就是为了突出女性的羞处。"

50年前，在第二次世界大战后不久，洗涤剂、电视机、摩托车等消费品纷至沓来，在经历了那场为时6年、几乎席卷了整个欧洲及太平洋地区的硝烟战火之后，整个世界都在大声疾呼渴望安宁下来，休养生息。然而，比基尼一如既往地促使人们抛开道德的理念，继续沉湎于对肉体欢娱的追求之中。法国哲学家希斯·利波韦斯基对有关比基尼的道德问题作了如下评判："现在人们已经不那么自重了。君不见电影银幕上早已为香艳女子那年轻而充满诱惑的躯体所充斥。严厉、古板的处世哲学之贬值意味着人们可从独断专横的压力中解脱出来。但与此同时，也要有健康的机制来控制社会，减少犯罪现象，更好地达到人们渴望充分发挥个性的目的。也正是作为本世纪人类所取得的一个非常重要的进步——妇女解放及女性思想开化的日子，比基尼完美地诠释了这一历史的变革，即总的来看，到了二战后期，一直因受压制的服装从那时起就开始成为女性解放躯体的代言人了。我仍记得那些晒日光浴的妇女从过去穿戴的那种紧身护腰下解脱出来时所流露出的欣喜。毕竟是妇女们自己最终决定穿还是不穿这种三点式样的衣服，从这点来讲，比基尼对妇女的解放颇具意义。"

热衷于比基尼正名、宣传它象征妇女解放的是一个叫罗伯特·维利诺的国际主义者。他作为西班牙奥伦塞式时装的设计者，总能敏感地捕捉到女性身心变化时所引起的那种令人震颤的感觉。他说："毫无疑问，比基尼展示了一个新的时代现象，它正像迷你裙和女工长裤一样极具有象征地反映了令人关注的妇女解放运动。在四五十年代，特别是在六十年代其鼎盛时期，比基尼通过展示健美性感的身躯，体现了那种自由、优雅、真正都市女性的风采。我无法用语言来表述比基尼清纯、悦目的美丽，特别是它那象征妇女追求解放和身心自由的丰富内涵。"

永远铭记的首次胜利

每当中国人在重大国际体育比赛中获胜，五星红旗在国歌声中冉冉升起的时候，你能保持住心情平静吗？我相信每个有爱国心的中国人，是绝不会无动于衷的，但是，您可知道，祖国的第一枚金牌获得和五星红旗第一次在国际比赛中升起，是怎样叫人难忘，令人深思啊！

把历史的记录向前翻转45年，那是新中国成立不久的1953年。

新中国首次派出自己的代表团，参加在布加勒斯特举行的第4届"世界青年和平友谊联欢节"。联欢节上举行了各种体育比赛和文艺表演，其中有游泳项目比赛。那一天，布加勒斯特游泳馆里，百米仰泳正在决赛。我国著名游泳选手吴传玉获得决赛资格。吴传玉出生于印度尼西亚的一个华侨家庭，在工作之余常去当地的中华游泳会练习游泳，游泳技术提高很快，曾在印尼击败过著名荷兰选手。1951年应邀来中国参观后自愿留在中国，以后代表中国参加游泳比赛。

"各就位，砰！"随着枪声，参加决赛的各国运动员，一起仰身奋泳，竞争十分激烈。50米，转身；60米，70米，当游到80米处，有三条跑道的运动员抛下众人，齐头并进，这当中就有我国选手吴传玉。这时看台上观众群情激奋，有的甚至站起来，为运动员大声加油；有的急得满脸通红，张大嘴巴；有的手里拿着东西扭来拧去，暗暗为运动员加油使劲，大有跳下水推运动员一把之势。10米、5米、3米……离终点越来越近，但那领先的三名选手不相上下，肉眼难以分辨谁先谁后。终于，一名运动员急速摆动臂膀，手向前伸出，一瞬间触及池壁。

"好！"一阵响亮的欢呼声，从台上的中国观众席上爆发出来。

"没错，看清楚了，是吴传玉第一个到达终点！"中国人在议论着，互相握手祝贺，庆贺中国运动员第一次胜利！

男子100米仰泳决赛结束了。按照惯例，每项决赛后要不了几分钟，就会公布成绩发奖。可是这次却毫无动静。裁判员们面面相觑，观众们更是莫名其妙。场内观众都在相互询问着根由，但谁也回答不了。有的人竟大声喊着："怎么回事？"这时，只见主席台上人进人出，十分忙乱，好像发生了什么重大的事情……

好久，好久，游泳馆里才响起了庄严的中华人民共和国国歌，鲜艳的五星红旗在国歌声中冉冉升起。中国运动员吴传玉以1分8秒4成绩夺得100米仰泳金牌。许多中国人都流下了热泪，许多外国朋友也为中国的第一次胜利激动万分。他们紧紧握住中国同志的手，眼睛里也闪动着晶莹的泪花……

这到底是怎么回事？事后才知道，因为中国国旗从来未用过，虽然大会备有中华人民共和国五星红旗，却始终压在一个大箱子底下。工作人员翻箱底费好大劲才将这面旗找出来。然而又找不到中华人民共和国国歌唱片，因为中国国歌从未放过，也不知压在何处。费了好大工夫，才在一个角落里找到，这张唱片已蒙上厚厚的一层尘埃，工作人员经过一番清扫才把国歌播放出来。

朋友，当您看完这个真实的故事后，你会有什么感想呢？

庆功盛宴

自古中日两国的体育文化交流频繁，日本一些优秀运动员，曾以他们良好的技艺和高尚的风格给中国观众留下美好的记忆。70年代以来，中国女排姑娘们也以此获得日本观众的喜爱，特别是通过体育竞赛这个友谊桥梁，增进了两国人民友谊，谱写了一曲曲动人诗篇和友谊赞歌。

60多年前，13岁的少年蔡世金因家乡闹灾，生活无着，背井离乡，东渡日本，靠着拼命苦干和过人的机智，成为知名企业家。

有人说，中国女排收到来自富士山下的来信，必须用麻袋方能装下，这话丝毫没有夸张。1979年中国女排访日之前，女排收到一封蔡世金由日本发来的信，信中说，现已成立一个由5人组成的"中国女排杨希接待委员会"，准备迎接杨希及女排姑娘们的到来。

热情的日本观众为了看中国女排打球，不惜破费重金从老远的地方赶来，有的观众竟毫不吝惜地请女排姑娘在雪白衬衣后背上签名留念。更有甚者，在球赛赛后忘情地在场外守候一个多小时，希望能再睹一下女排姑娘的青春丰姿，特别是兴起"杨希热"，日本年青姑娘竞相仿效杨希的发型，留起杨希发……。蔡世金更是很早就到场，热情宣传中国女排。1981年11月，中国女排到日本参加第3届世界杯女子排球赛。当时天气已转凉，姑娘们没带冬装，蔡世金连忙给她们每人一件轻便大衣御寒。看到她们训练比赛十分辛苦，就盛请姑娘们吃饭。大家婉言谢绝道："现在别请，等我们拿了世界冠军，一定来赴宴。"经过苦战中国女排第一次荣获世界冠军，观众们不断欢呼着自己所喜爱的球星名字，"杨希"、"杨希"，为中国女排呐喊助威！

第二天，当她们从大阪到东京时，立刻驱车到滨园酒店接受了蔡老庆功宴。

第二次，中国女排到秘鲁参加世界女排锦标赛，再次荣获世界冠军，可是蔡世金相距万里，没法实现诺言。直到1983年秋天，他到上海参加第5届全运会转道来北京，补上了第2次庆功宴。

1983年，调整后中国女排实力有所下降，在年底于日本福冈举行的亚洲女排锦标赛上负于日本女排。那天，蔡世金守在电视机旁，郁郁不欢。第二天，他亲自去日本羽田机场接从福冈转到东京的中国女排。主教练袁伟民和女排姑娘们见到他在球输了的时候，不顾长途颠簸，亲自来接，都很感动。

"对不起，没有遵照蔡先生的嘱咐，辜负了祖国和人民啊！"

"来日方长，卧薪尝胆，还有希望！" "还有8个月，来得及，打美国和日本要当心，别让他们抢走金牌！"

他一再叮咛袁伟民，事后还写了两封信。中国女排给他回信写道："你放心，我们会尽一切努力，在奥运会上夺取好成绩！"

1984年，洛杉矶奥运会女排预赛中，中国女排负于美国队，东京电视台没有转播这场比赛，他听到这个消息，像揪心似的，他的朋友劝他："预赛中输一场并不影响成绩，请宽心吧。"

东京电视台转播了女排冠军争夺战，蔡世金目不转睛地一直看到张蓉芳最后一球定乾坤。

"我们胜利了！"他激动得独个儿流泪。

他亲自去国际电报局发贺电，又将120个芒果送到中国驻日大使馆，和祖国人民分享胜利的喜悦，老人激动得夜不成寐，思绪万千，决定到北京亲自为中国女排夺得三连冠庆功。

蔡世金在北京钓鱼台专门接见外国总统的客厅中大摆宴席，并将2500万日元作为进一步发展中国排球运动的捐赠；他还亲自给这次奥运会获奖的运动员颁发了850万日元奖金，这一切寄托了老人的一片心意、一片深情，使他那颗爱国之心，怀乡之情，得到满足，得到欣慰。

中国女排继三连冠之后又获两次世界冠军，中国女排五连冠的业绩震动了世界体坛。中国人民在北京大学和清华大学的倡议下，掀起了"团结拼搏、为国争光"的学习女排热潮。蔡世金更是欣喜若狂，他一再表示要继续为中国女排庆功……

鸦片世界大战

本国烟，外国烟，成瘾苦海都无边。前人唱，后人和，饭后一支，神仙生活。错！错！错！

烟如旧，人苦透，咳嗽气喘罪受够。喜乐少，愁苦多，一朝上瘾，终生枷锁。莫！莫！莫！

这是一首戒烟歌《钗头凤》，很有哲理，当今世界上几乎每个国家都在宣传戒烟。然而烟害在世界上有蔓延之势。美国人每年在香烟上的消费为420亿美元，每年死于香烟的人数为死于越南战争人数的6倍。从80年代开始，在欧洲男性吸烟都逐年减少，美国有4300万人戒掉了香烟，芬兰减少14%，挪威减少13%，英国减少12%。同时这些国家的死亡也在下降。除了政府采取相应措施外，人们开始普遍认识到吸烟是一种危险的嗜好，健康意识深入人心。就连烟草产业中也不乏明智之士。1988年有香烟帝国之称的美国雷诺兹公司继承人物克·雷诺兹率先卖掉自己全部股份，以反对烟草生产。他说："我父亲是位百万富翁的烟鬼，58岁死于肺气肿，我母亲是位漂亮的演员，烟抽得厉害，最后随烟雾上了天国。我忘不了我的父母是如何去世的。"

尽管烟草业出现了令人钦佩的"叛徒"，但是整个烟草业并未偃旗息鼓。相反，一些烟草大亨们正虎视眈眈，开始将"炮弹"射向东方和一切不发达国家。美国《洛杉矶报》曾引述去美国探亲的一中国男子的话："在美国什么地方都不能抽烟，在工作单位不能，在飞机上不能，在餐馆不能。在中国，你在任何地方都可以，即使法律规定不准抽烟，也照样会有人抽，难怪所有美国公司都已开始到中国来，推销香烟。它们可以在这里赚更多的钱。"

  现在从西方消失的"万宝路牛仔"开始频频活跃在亚洲许多国家的荧屏上，血红的巨大的夕阳中，英俊的牛仔策马狂奔，那膘悍健壮的男子汉形象，那洒脱不羁的吸烟派头，令这些黄皮肤、黑头发的青年赞叹不已，趋之若鹜。这些洋烟商们用重金聘请当地人崇拜的歌星、球星、影星为他们作广告，好让人们相信，抽烟有派头，抽烟不损害健康。美国烟商还向中国、韩国销售焦油量明显高于美国国内同一牌号的香烟。其目的是让烟民先上瘾，待上瘾后，再出口低焦油含量香烟，而抽惯了高毒性香烟的烟民们，就会感到"不过瘾"，于是非我不可，这样就可使美国香烟销售量大大增加。这同1840年那场鸦片战争时，英国奸商向中国推销鸦片所采用的歹毒手段有多么相似！想当年，那些在大西洋彼岸的奸商用印度鸦片换走了中国的茶叶、丝绸、白银，仅道光十八年，英国鸦片倾销中国4万余箱，价值约1500万两白银，而当时清政府每年财政收入仅4000万两白银，这真是"灭人亡国的贸易。"

  160年后的今天，这场战争大有重演之势！尽管烟草大亨们辩解说：他们只是在争取公平进入现有烟草市场，而不是造就新的海外烟民。可实际上，他们正在磨刀霍霍，瞄准目标，准备攻破所有亚洲国家城池。

  令人汗颜的是，世界上有10亿人吸烟，其中3亿人在中国，据1992年我国统计局统计：我国大、中、小学学生吸烟率在不断增加。15岁以上吸烟者为2.9885亿。早在70年代世界就有20几个国家全面禁止烟草广告。而我国那些赞助式烟草广告经常见面，如1985年"555"香港—北京汽车拉力赛。体育是以增进人们健康为目的，而吸烟却损害人们健康，两者相悖，水火不相容，而在广告上去让体育为虎作伥，简直是对体育的极大污辱和亵渎。

烟草业往往是亚洲的一些国家或地区的利税大户，同时依附着为数不少的就业人口，如烟农、烟厂工人以及销售人员等，所以禁烟就像一把双刃剑，挥动起来须时时小心。如1996年，中国烟草业税前利润超过100亿美元，日本香烟税收达180亿美元。所以，亚洲的一些国家或地区在制定限制烟草业发展、外烟进口等相关政策时，不得不温和一些、小心一些，以免伤筋动骨。

美国的烟草大亨们深谙其中之道，他们一边借助美国政府挥舞的贸易制裁大棒，一边在这些国家或地区相关法律中寻找空隙。比如说禁止做广告，他们就借赞助体育比赛的机会大肆宣传，效果并不比铺天盖地的广告来得差。

数字往往也具有欺骗性。从表面看，烟草业给亚洲带来了巨额收入，但实际上这些收入还抵不上因此而造成的损失。

据世界卫生组织的一份报告表明，中国在1993年烟税收入49亿美元，而因抽烟导致的劳动力的损失及医疗费用竟高达78亿美元。据中国预防医疗学会估计，这一费用到本世纪末将达87亿美元。有人作出更坏的估计：到2025年中国将有200万人死于抽烟引起的疾病，日本到2000年死于肺癌的男性烟民将超过英国和美国。

当然，这些可怕的数字及后果并不都是"洋烟"造成的，但"洋烟"的进入及推销的确起到了推波助澜的作用。

赔偿36885亿美元的判决，使美国烟草大亨们在国内的日子更加不好过了，他们势必想到在海外，尤其在亚洲加大推销力度。只有用法律的手段保护自己并提高民众的自觉意识外，亚洲人别无他法。

香港通过了一部禁烟法令，1999年开始，禁止刊发一切烟草广告，不准在商场、银行、超市等公共场所抽烟。中国在1994年就颁布一部限制烟草广告的法令，许多城市还抵制1990年"万宝路体育世界特别节目"、"万宝路戴维斯杯"足球赛等。

美国的烟草大亨能轻而易举地在亚洲大量销售香烟，与大多数亚洲人对香烟的危害认识不足或漠视有关。比如说，日本官方直到1987年才承认尼古丁有害健康并采取积极态度；官方尚且如此，一般百姓就可想而知了。一位日本厚生省的官员曾说，丈夫若死于与吸烟有关的肺癌，他的妻子不仅不会抱怨烟草公司，反而会在丈夫的棺材中放入一包他爱吸的香烟。

在经济发展迅速的东南亚地区，香烟，尤其是名牌的外国烟往往意味着富有和身份。在中国也一样，曾有过"烟是介绍信"，"香烟是一种社交场合必不可少的礼节"，"越好的烟意味着对人越尊重"的不合适的说法，在亚洲大多数国家或地区，有禁止在公共场所吸烟的地方性法规。新加坡是亚洲禁烟法最为严格的国家。在那儿，除了自己家中或户外，在任何公共场所抽烟都是违法的；也不许向未成年人出售香烟。所以，新加坡的烟民还不到总人口的20%。

1492年，兴奋异常的哥伦布从美洲回到西班牙，随船带回那一点烟草，当天就在宫中分送净尽，他做梦也没想到这星星之火竟然燃烧到全球。

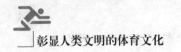

黄金分割与人体美

什么是理想的人体美？古今中外的标准不尽相同，不过在不同的审美标准中，有许多共同的东西。研究这一问题不但是美学研究的任务，也是体育科学研究中的一个应用研究任务。

说到人体美，人们很自然会想到男子汉的结实丰满的肌肉、匀称挺拔的身材；女性优美柔和的线条和明朗苗条的轮廓。

"风摆柳腰、轻盈苗条"这是我国古代形容女子身段优美的形象比喻。在《东周列国志》中有这样一段描写："楚灵王有一个癖好，偏好细腰，不问男女，凡腰围粗大者，一见便如眼中钉。既成章华之宫，选美人腰细者居之，以此又名细腰宫。官人求媚于王，减食忍饿，以求细腰，甚有饿死而不悔者，国人化之，皆以腰粗为丑，不敢饱食，虽有官人入朝，皆用软带束其腰，以免王之憎恶。"楚灵王是公元前571年人，这样看来，形成细腰为美的观念，已有2500年历史了。

古人以腰细为美，同现代人讲求形体美有相似之处。楚人以腰粗为丑，今人以大腹便便为不雅。但具体的优美体型标准还是在逐渐探索之中。文艺复兴时期艺术巨匠达·芬奇运用自然科学知识、解剖实验数据，提出了人体美具体标准为：人的头长是身高的1／8，肩宽是身高的1／4，两腋宽度与臀宽相同，大腿的正面等于脸宽……。

在古代，世界各国学者都在探索人体美的标准，由于人体美涉及形式美学问题，因此，人体美的标准研究与美学研究成果息息相关。公元前580～500年，古希腊毕达哥拉斯把一条棍子分两段，但不等分。发现两截棍子比例为61.7：38.3（近于8：5）这种比例关系最美，称之为黄金律。

人们逐渐发现许多大自然美妙的东西都是符合黄金律的。如植物叶片、花瓣从小到大的序列即是以0.618近似值排列的；当大自然温度与人体体温成23℃：36.5℃即成0.618：1时，这样气温才最适宜于人的身心；当大脑呈现"倍塔"脑电波，其低频率与高频率之比为0.618：1近似值（8赫兹与12.9赫兹之比）时人的头脑最清醒。

人的身材是人体美的重要内容之一。人的上身和下肢比例也是在1：0.618时最美。如：一位1.61米身高的女子，在腿长为1米，上半身为0.618米时身体体形最美。所以荷马人早就指出："单凭扩大腿和脚的长度，就可以产生一种崇高的仪容。"在现实生活中，我们看到芭蕾舞演员的舞姿，经常立足，体操运动员练习体操动作，要绷脚面，从美学角度上说，都是为了展示形体美，使其符合黄金律原则。（黄金律又称黄金分割原理）

黄金分割原理，它体现了多样的统一和轻重匀称，合乎美感要求。不仅适用于衡量人的身材，也可指导整容。世界研究美的人很多，从人类学家到进化生物学家都纷纷研究好莱坞巨星如奥黛莉·赫本等为何人见人爱。虽然很久以前就有人认为，人体的构成以符合"黄金律"为美，但应用到面孔上则待研究。因为黄金律一向用来应用于直线和长方形，但人的脸孔不能只由直线和长方形来分割和构成。然而，美国加州整容医生马夸得经过长时间的研究把人的脸孔构成分解为各个互相紧扣的五边形，以此用来与多个美女俊男的脸孔相比较。制定出一个好像机械人面具的"黄金律"模型脸谱，从中找到"黄金律"的应用窍门，定出五官理想位置和比例。

马夸得说："人的五官越是和'黄金律'吻合，相貌就愈美。"若有人想知道自己是否接近美的标准，将照片与"黄金律"叠合就可得到答案。马夸得还找到了一个可称为十全十美的样板——70年代美国名模嘉伦·格拉威。

新墨西哥州大学心理学家维克托，在吸取了马夸得研究成果基础上，他设计一个电脑软件，可以将两人的相貌融合，可以用游戏淘汰的方法，找出接近美的标准面孔。他还发现，人们所喜爱的女性面孔大多是：前额高阔、嘴巴丰厚、下颚精致、鼻子和下巴小巧、眉毛以下所占比例明显小于平均数。

纵观历史，对于人体美的标准研究比较有影响的大多为西方学者。但60年代后这种局面有所改观。东方日本掀起了研究人体美热潮。日本著名学者高岭从外观上考虑，得出人体美标准为：肌肉发育平均；眼裂正常；关节细；上唇丰隆；颜面表情平和、牙齿整齐；鼻细而直；下巴圆，脊柱正直；胸廓膨隆；腹部扁平。

壮志暮年歌咏志

我国一位老当益壮的著名作家，这样赞美体育运动："谢谢你，给我的温柔，赶走了我的老态龙钟。谢谢你，给我的温柔，叫我成了三岁小孩。谢谢你，给我的温柔，把我的青春呼唤回来。谢谢你，给我的温柔，我和你一样天真可爱。"

的确，运动锻炼对于老年人十分重要，它会给你欢乐，给你力量，使你青春常驻，益寿延年。"盈缩之期，不独在天，养怡之福，可得永年。"这是曹操在《龟虽寿》中写下的名句。从古今中外有关长寿的记录看，一条共同的经验就是坚持适时适量的体力活动和体育锻炼。每个人一生都有一条生命力发展的曲线，只有一生中始终坚持体育锻炼，才可能使这条曲线的上升期（生长发育期）达到最高值，稳定期（成熟发达期）持久而少起落，下降期（衰老期）平缓而持续较长时间，即在一生中充分发挥自己身体的能力。美国斯坦福大学医疗中心詹姆斯博士认为，防止衰老主要是积极思考和坚持体育活动。他说："每个老年人都要保持器官以最低程度逐渐老化，而锻炼身体是关键性的。每个器官都有一种控制逐渐衰老的储备力。如果说储备功能更新换代，在某种意义上就表明你衰老了，那么锻炼每个器官就是一种延缓衰老过程的战略。

人类对于衰老的探索——以及引申而来的对于避免衰老的探索——至少可以追溯到《圣经》时代。当时，有人建议年迈的大卫王允许一名童贞少女来温暖他。

从那时起，先哲们、科学家们和蛇油推销商们更是提出了无数抗衰老的方法。中世纪的拉丁炼金术士们徒劳地想用金子变成人能够消化的东西，因为他们相信将金子吸收进人体可以延年益寿。到了17世纪，一种不太花钱的抗衰老方法兴起来，就是每天早晨一醒来就闻新鲜的泥土。

很多旧时代的老年学家们赞成弗朗西斯·培根爵士的观点，即生命的长短取决于一个人耗尽其"精华之气"的速度。还有一半人把注意力集中于从青春之泉补充精华之气的可能性。早在JuanPoncedeLeon在佛罗里达海岸抛锚上岸寻找想象中的青春之泉以前，这种神话已经在许多文明社会中传了几个世纪。

如今，许多赞成延长人类寿命的人们将希望寄托于分子生物学家的身上，他们正以可观的速度从激素、细胞、遗传等方面分析衰老的基础。他们对于衰老的生物学过程所发起的进攻前景乐观，但同时也带来了一些价值观念和经济方面的问题，比如：更长的生命一定意味着更好的生活吗？谁来决定一个人究竟应该活多久呢？尽管老人们很受爱戴，但如果他们拒不辞世，未来的几代人将怎么生活呢？

不管我们准备好了没有，全球性的延长寿命实验已在进行之中。过去的100年中，人类平均寿命的延长量超过了此前2000年的总和，这主要是由于公共保健事业的发展。

古罗马人的平均寿命是22岁，现在，一个地球公民平均可以活到65

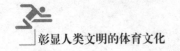

岁。平均寿命最短的国家是塞拉利昂，38岁；最长的是日本，82岁。在美国，男人的平均寿命是72岁，女人则达79岁。而在1900年，美国人的平均寿命只有47岁。

世界性的寿命延长造成了老年人口爆炸。二次大战后，美国出现了人口生育高峰。到2030年，那段时间出生的人当中最年轻的也已是老年人，65岁以上（含65岁）的人口总数将达到7000万，超过现在的两倍。85岁以上人口增加得更快，现在，美国只有400万"最老的老人"，这个数字到2030年将翻一番，到2050年将再翻一番。

威斯康星大学麦迪逊分院的里克·温德拉克认为长寿的秘诀就是少吃。温德拉克和他的同事们对30年代的几项研究进行了扩展，结果表明，如果减少60%的热量摄入，实验室中的老鼠可以比普通老鼠的寿命延长50%。这是迄今为止得到证实的唯一能够延长哺乳动物生命的方法。虽然这项研究还没有系统地在人身上开展，但温德拉克和其他一些人不怀疑，减少热量摄入对人体的作用会与对老鼠的作用相同。也许节食减少了代谢过程造成的损害。在以地中海恒河猴实行控制热量摄入8年后，取得的结果与老鼠实验相类似。

米丽亚姆·纳尔逊是美国农业部设在波士顿的"人类营养对衰老的影响"研究中心的生理学家。纳尔逊和她的同事们通过给老年人制定运动课程表明，即使虚弱的90岁老人也能恢复他们30年前的力量和活力。运动能增加肌肉，减少脂肪，提高心、肺的工作效率，降低血糖浓度，增加流向大脑的血液以促进思考，并使骨骼密度增大、更结实。可是，运动也能加快机体代谢的速度。新陈代谢太快就好像从两端同时燃烧生命之烛。但是适度的运动能刺激身体产生抗氧化剂，因此也就自动地抵消了代谢加快的害处。

人体内的大部分细胞都能制造多种抗氧化剂，来清除代谢过程中产生的自由基。它们包括超氧化酶（SOD）和过氧氢酶等。那么，抗氧化剂能否延年益寿呢？在一项实验中，科学家们对果蝇实施了基因工程，使它自然产生大量的上述抗氧化剂，结果，它们的寿命比普通果蝇延长了30％。

谁也不知道抗氧化剂能否延长人的寿命，但事实证明，在饮食中补充维生素E、维生素C这类抗氧化剂，确实能减少心脏病、白内障以及导致癌症的皮肤病变。不管靠服用片剂还是靠身体自然产生，抗氧化剂都能抵消运动造成的损害，因为很明显，适度运动最终的影响是正面的。

老年人从自身的切身经历中觉悟出一个简单而朴实的真理：人生难得是舒畅，虽然老年人失去了青春的鲜艳，但仍拥有金秋的丰盛，虽然缺少财物上的富足但拥有内心的充实。只要身体健康，就能够在清静、温馨、和谐中度过一生。

老年体育愈来愈受到各个国家的重视，近年来各国纷纷成立各种体育组织，进行各种体育竞赛。如日本早有"海龟老年长跑协会"、"一生健康马拉松协会"等等。1975年在加拿大的多伦多市成立了"世界老年运动员协会"，并确定每两年举办一次运动会。第1届至第4届运动会分别在多伦多、瑞典、德国、新西兰举行。我国于1978年举办了老年人新长征运动会，两百多人参加了5000米、太极拳、剑术比赛。目前，中国老年人参加太极拳、长跑的人数最多。在未来的新世纪，可以预见，老年人体育要空前活跃，运动锻炼形式更丰富多彩，随着老年医学的发展，老年人体育锻炼的科学性将得到加强。世界性、全国性老年体育竞赛将引人注目，它将如"奥林匹克运动会"那样受到重视。健康老人、寿星老、著名老运动员、明星将受到社会的尊重和奖励。

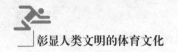

体育馆与人类文明

体育建筑是体育文化的重要组成部分。世界体育文化的发展不仅体现在体育运动技术，成绩提高和发展方面，还体现在体育建筑物质财富方面。一个国家体育建筑水平也在一定程度上反映出这个国家国力和科技艺术水平。

世界经济文化科技的发展，为体育建筑发展奠定了基础，建筑是凝固的音乐，体育建筑体现着"人也按照美的规律来建造"的真理。

世界体育建筑从本世纪中期开始已有较大发展，形形色色的体育馆、体育中心，雄伟壮观、新颖别致，为世人所瞩目。

德国巴伐利亚州首府慕尼黑市西北部，有一座帐篷型屋顶的奥林匹克体育运动中心。该中心不仅以独特的建筑造型令人瞩目，而且还以曾发生过过轰动一时的以色列运动员被害的血案震惊于世。

德国素以其高水平的体育运动蜚声全球。德国体育联合会下属7500个单项体育运动协会，会员超过2000万名，约占全国人口的1/4。德国拥有运动场5万余个，其中体育场馆3万座，还有7700个室内、露天游泳池，44个联邦体育训练中心和22个奥林匹克体育训练基地。

1966年4月，国际奥林匹克委员会决定，1972年第20届夏季奥运会在慕尼黑这个德国南部第二大城市举行。决定一经作出，德国政府及有关组织立即行动起来，他们在慕尼黑市一处当时尚未开发的、面积为2.59平方公里的自然公园内，先后投资6亿美元，兴建起一座现代化的大型综合体育场所。体育场主要包括：一座可容纳7700人的体育馆，一片庞大的运动员村，一座教堂和一个购物中心。其中最引人注目的是在阳光下银光闪烁、造型别致的"帐篷顶"，它由君特·卑尼施先生设计，顶部由48根巨大的钢柱支撑，并辅以钢条牵拉承重，蔚为壮观。当年，这里共接待了来自世界122个国家和地区的12000名运动员。

体育中心紧靠高速公路，公路又与地铁网联接，交通极为便捷。在这里举办大型活动，无拥挤之嫌。中心公园中央立有290米高的广播传送机房和一个直径28米的旋转观景台及可容纳230人同时进餐的餐厅。该塔1968年2月建成并投入使用，如今已成为该中心的醒目标志。奥运村的一侧，与电视塔相望的是德国巴伐利亚汽车公司（BMW）办公大楼，它也以其优美、奇特的汽缸状造型给人以生机勃勃、不落俗套之感。

慕尼黑市政府在设计、兴建体育中心之初即设想，在奥运会结束后，该中心应能继续为广大市民造福，各种设施仍应用于体育和娱乐。现今的情况的确如此，中心主大厅现经常用于各种体育比赛和举办音乐会，室内、外游泳池向公众开放，运动员村也已成为居民住宅楼。环抱中心的园林、湖泊更是慕尼黑人节假日休闲、消遣的好去处。

温哥华是加拿大西南部不列颠哥伦比亚省的一座美丽的城市。清澈的福尔斯小河，从东到西静静地流过市中心。在河的北岸，新近出现了一座巨型的圆顶建筑物，这就是不列颠哥伦比亚广场体育馆。

这座宏伟的现代化体育馆，共耗资1亿2千6百万加元（约一亿美元），于1981年5月破土动工，次年11月架起屋顶，1983年6月19日正式开放。它是全世界最大的充气屋顶体育馆，其圆顶面积达4万多平方米，比4个标准足球场还大，屋顶最高点离地面60米，整个体育馆的骨架，使用了6万立方米混凝土和五千吨钢筋。这样一座巨型的建筑物，由于它盖上了充气的圆顶，显得十分轻盈柔和，远远望去，像是一个十分软的大馒头，和周围瘦高的多层大楼构成一幅有趣的图案，为温哥华的市容增色不少。

屋顶用的材料是一种涂有松脂的半透明玻璃纤维。它质地柔软而十分坚韧，不受温度激烈变化的影响，且有防火和防化学腐蚀的性能，雨水可自动地把它冲洗干净。屋顶是双层的，用16部100马力的电风扇产生的强大气压把它支撑起来，这种屋顶能把大部分太阳热反射出去，以减少夏天的空调费用。冬天，电扇送出热气，把落在屋顶上的雪融化掉。由于屋顶是半透明的，室外光线有1/5能透进馆内，再加上有872个使用1500瓦灯泡的强烈的卤化物泛光灯具，把整个场地照得如同白昼，便于摄影和拍摄电视。

走进馆内，眼前出现一片广阔的绿色"草地"。蹲下来仔细看看，才知道这是由许多片宽2米、长80米、重900公斤的人造草皮连接而成的，这种叫作Polygras的人造草皮，质地柔软，适宜于足球等激烈比赛活动。在场地上有5名工人正在操纵着两部特制的叉式升降机。原来这种草皮是用机器铺设的，必要时也可以把它们卷起来放在贮藏室，比较方便。

这是一座多种用处的综合性体育馆。这里既可能举行一般只在室外举行的体育活动，如田径、足球、加拿大足球（类似橄榄球的球类活动）、棒球、汽车、摩托车、马术比赛或表演等，也可以把场地隔成两半，进行篮球、网球、拳击、文艺表演等活动。

定于1986年的在温哥华举行的国际博览会，在这里举办盛大的贸易展览，整个体育馆可提供将近3万平方米的室内场地，用作陈列包括重型机器在内的各种商品。

场地四周的椭圆形观众台上，有无数天蓝色塑料模制的座位，鳞次栉比地排列着。每个座位都很宽敞舒适，各排座位之间空当儿较大，进出不会影响别人。加拿大主人说，这里一共有6万个座位，比一般室外体育场的座位还要多。

在东、南、北三面墙上都设有电子记分牌。东面是一个老大的彩色电视，它的荧光屏宽13米，高6米，由8万个大拇指一样粗的电子管组成，能反映出2000种不同的浓淡度，并可同时放映几个不同的活动画面，在

150米以外的地方，无论从哪一个座位看去，效果都和自己家里看彩色电视一样清楚。在比赛中，每一个精彩的场面都即时重放，以便观众欣赏。

观众台共分四层。在第三层最佳坐位置上设有两个新闻厢，可供75名记者同时使用。在这一层上，还备有100多个陈设豪华的套间，供私人或团体租用。

每一层楼四周都有一条宽阔的环形走廊，供观众休息。走廊的外间是巨大的玻璃窗，透过它可以眺望温哥华的景色。内侧是一个接一个的小吃摊，许多观众来看比赛或表演，就在这里边看边吃饭。整个体育馆共有200个闭路电视机分布在各个角落，无论你走到哪里，都可以不断看到比赛的进展情况。

特别值得一提的是，体育馆为残疾人观众提供各种方便。残疾人可使用专用的电梯，登上第三层观众台。那里有一个"轮椅区"，残疾人就坐在自己的轮椅上观看比赛或表演。此外，馆内还有专供残疾人使用的厕所和小吃摊。

也许已注意到了东京那座奇特的体育馆。鸟瞰其外形，活像个巨大的海螺；仰视其内部，只见两侧顶棚向上翻卷，在赛场上空露出一条光带。它就是日本为1964年第十八届奥运会建造的东京代代木体育馆。其外表曲线流畅轻快，形态优美，被公认为当今最成功的体育馆之一。

代代木体育馆共有大、小两个馆。那次乒乓赛是在较大的馆内举行的，可容纳15000名观众。它原是游泳馆，但铺上地板即改为标准的比赛场地了，可见其技术设施的先进。

意大利罗马的小体育馆，也是世界上著名的一座。其外形活像一顶舒张帐篷，十分别致。馆内上空，结构杆件纵横交错，形成为向日葵般的图案，美丽而壮观。它建成于1957年，可容纳观众4000名，第17届奥运会的部分比赛曾在那里举行。

在法国的格勒诺布，锦乡的大地上有一朵吐蕊怒放的四瓣"鲜花"，它就是为1968年第10届冬季奥运会兴建的体育馆。其结构是四支点的壳体，仿佛由四颗晶莹宝石镶嵌而成，显得格外秀丽，馆内可容观众12000名。波兰卡托维兹体育馆造型奇特，充分体现出现代体育馆多功能发展方向。

墨西哥在1968年建成了马达莱纳体育馆，外形奇特新颖，看上去像只大棱龟，又是半只大菠萝。不过，说它像仙人球恐怕更贴切些，因为墨西哥本来就以巨大的仙人掌植物名闻于世。第19届篮、排球比赛，就在这里展开，建筑面积约42000平方米。47米高的屋盖，支承在四个巨大的混凝土拱上，以单元金属折板代替了杆件，显得轻盈美观。

在加拿大的蒙特利市梅宗纳夫体育中心，有数片活像是老天爷抛到世间的巨大的"叶子"。"叶子"的脉络分明，造型壮美。其主要建筑物是一座高168米的18层钢筋混凝土斜塔，用以悬吊体育场四周的活动罩篷，而悬塔内各层，即分别为各类运动的体育馆了。例如最底层的游泳馆，可容纳观众9000名。

那张三叉似盾形的"叶片"则是可供赛车、溜冰和网球赛的小馆。它的顶盖颇引人注目，拱架成一"丫"字罩盖在上，肋梁间嵌满丙烯酸甲酯透明有机玻璃，使馆内的光影富有奇妙的效果。

三个里程碑和三大流派

足球——球中之王！

足球运动——世界第一运动！

足球比赛——具有最大的魅力！

这样说，一点不过分。请看下面几个数字：参加国际足联的国家和地区——155个，在世界各单项体育组织中名列第一；登记注册的足球运动员4983万人，也在世界单项运动项目中名列第一；观看一场足球比赛的观众以万讲或几十万计，电视观众更是不计其数。据说，第十二届足球锦标赛在西班牙举行，吸引3200万观众。观看实况转播的电视观众竟多达100亿人次，这比世界总人口总数还多两倍。有人说，当今世界是缩小的地球，放大的足球。足球运动之所以有如此迅猛的发展，这同足球运动的特点有关系：足球首先是技巧性很强的运动，足球比赛中除守门员外，所有其他球员禁止用手触球，这样其技巧的掌握便难上加难。尽管技巧高雅，足球却又是最易组织的运动，可以在任何场地，任何天气下举行比赛，所需设备又极为简单。足球靠的是临场发挥，而非预先设计好的程式，而这正是青少年喜欢足球的因素。特别是足球运动极具文化底蕴，甚至可以说，足球是现代民众文化非常重要的组成部分。足球在多种社会和政治文化演进中，必然要在比赛阵型、风格流派以及精神风貌上反映出这种文化的不同。也就是说不同技术战术、阵型、风格流派在比赛中发生碰撞、争斗，从而使足球运动具有极强的生命力。这也是足球运动具有极大魅力的原因之一。

现代足球运动发展尽管才有百余年，然而它却发生巨大变化，尤其是足球阵型演变及其风格、流派的互相渗透相互影响，使得今天的足球更具独特魅力。可以说，足球阵型每次演变，都给足球运动开创了新局面。从而形成为推动足球运动不断向前发展的动力。

现代足球的演变有三个里程碑。从19世纪中叶到20世纪30年代，足球阵型是由1—9阵型（9锋1卫）、2—8型（8锋2卫）制，演变为3—2—2—3阵型（WM阵型）经历60多个春秋。后来英国人又将WM阵型沿袭了30多年。英国是现代足球发源地。50年代以前，英国人成功的提出和运用了WM阵型，曾保持了在其本土从未失败过的战绩所以自称为"足球王国"，然而从50年开始，由于英国在此以前不参加世界杯足球赛，和外界往来太少，从而孤立了自己。在第四届世界足球锦标赛上，竟以0：2同样比分败给美国和西班牙，又以3：6惨败于匈牙利。匈牙利人采用4前锋制，即3—2—1—4阵型。从此结束了WM阵型历史。这就是人们所说的第一里程碑，也称为第一次革命。

事隔几年以后，1958年，巴西人以4—2—4阵型击败匈亚利人4前锋制，夺走世界杯，继而在1962年又以4—3—3阵型打败所有对手，再度荣获世界杯，人们将此称为足球运动的第二里程碑（第二次革命）。

20世纪70年代后，全攻足球在世界范围内广泛兴起。以荷兰人为代表的全攻全守总体型（1—3—3—3阵型）使足球运动的发展来了一次飞跃。它的最大特点是在4个后卫中有一个明星拖后的"自由人"，该"自由人"在攻守中更加灵活、机动。在1974年世界锦标赛上，冠军由联邦德国队获得，然而人们却普遍认为，对世界足球运动作出巨大贡献的是屈居亚军的荷兰队，他们才是真正的世界冠军，而且是足球运动"第三里程碑的奠基人。

现今，全攻全守总体型打法风靡世界足坛，它领导了当今足球新潮流。世界足球强国在顺应潮流的同时又结合自己特长，发展完善了全攻全守总体型打法。1986年的墨西哥大赛中，阿根廷队注重于攻守平衡，在稳守的基础上全力争取中场优势，并且充分运用以马拉多纳为首的球星"自由人"战术，使其一举夺得冠军。

现代足球的阵型演变，在本质上是与现代足球风格、流派紧密相关的，因为任何阵型打法最后均是由球员在球场上去体现的。而世界如此之大，各民族和地域差异也大，他们对足球都有自己恪守传统和习惯认识，那么体现在阵型打法也就风格各异了。在世界足坛上，欧洲和南美处于领先地位，故而有欧洲和南美两大流派之说，80年代后又出现了欧洲与南美流派有相结合的拉丁流派。所以现今人们称足坛有三大足球流派：

欧洲流派：以英格兰、苏格兰、匈牙利、德国、丹麦、荷兰等队。一般来说，欧洲人素来注重体力，队员人高马大、身体强壮，属于力量型粗线条踢法。善于打长传冲吊或长传快攻，推进速度快，几下传递就给对手造成威胁。队员作风粗犷，拼抢凶狠、头球技术好。在防守上以贴人盯人为主，倒地铲球技术较出色。

南美流派：以巴西、乌拉圭、阿根廷、哥伦比亚、智利为代表。南美流派讲究个人技术娴熟，控制球能力强，脚法细腻，无论传、接、带、过人和射门均有独道功夫。而体力、速度是属于第二位的。在战术上喜欢即兴发挥，攻守节奏感强，队员和队员配合默契。他们采用的是细线条踢法。正如一位巴西教练所说："南美洲球员在足球场上的个人表演、才干、艺术性和奇迹般行动，过去和现在都引起了世界各国很大兴趣。

拉丁美洲流派：以法国、西班牙、意大利为代表。他们吸收了欧洲派和南美流派的优点，形成了既注重身体和个人技术，又讲究整体作战，既强调速度又不失攻防节奏感和柔中有刚风格。这一流派将欧洲人高竞技、合理球技和战斗精神与南美人精巧、灵活、可塑性、想象丰富融为一体。

如星光般灿烂

1992年秋，中央电视台正在播放巴塞罗那奥运会百米大战。电视机前亿万人正屏气凝神的观注那动人的场面：只见决赛枪响，8名运动员正箭离弦闪电般飞向终点……这时，观者不尽大吃一惊，最后百米冲刺的，人群就像一面黑墙，排山倒海似的压过来，细眼一看，跑在前面的全是黑人。

人们不禁要问，只是巴塞罗那奥运会百米赛黑人称雄吗？有人对世界4次重大的田径的成绩作了统计，其11项男子赛跑的个人成绩如下：赛事白人黑人亚洲人83'赫尔辛基1914087'罗马1419091'东京329193'斯图加特6270。

体坛多黑星这是近百年体育史上令人惊奇的现象，世界各体育大赛的奖杯、奖牌和领奖台似乎是专门为黑人设置的。黑人跑得最快，体魄最强健，跳得最远，这是所有的竞赛对手、专家学者、统计学家乃至种族主义者所一致公认的。最能说明问题的是奥林匹克运动的得奖档案记载：从照片上看，几乎无法分辨出："88汉城"100米决赛中运动员的真实面孔，他们是清一色的黑皮肤运动健儿。""92塞罗那"、"84洛杉矶"以及1991年东京锦标赛和"93斯图加特"，进入决赛的前8名，8年来都是重复出现过的黑人运动员，年年如此。

世界上跑得最快的人都一致认为是黑人。当然，这期间也有个别白人，小心翼翼地试图挤进黑人的领地。如"72年慕尼黑"100米和200米夺魁的前苏联人瓦列里·波茨佐夫，还有1924年巴黎奥运会金牌得主并担任过电影主角的英国人哈罗德·亚伯拉罕斯。但他们毕竟是凤毛麟角，田径星座上的黑星却是群星灿烂。黑人刘易斯的跳远和跳越10人篱笆表演举世无双。

在中长跑田径赛中，领骚的也多是黑人。跳高也同样如此。跳高纪录几次被古巴黑人运动员哈维尔·索托马约尔刷新；23年前由鲍勃·经蒙在墨西哥创造的跳远纪录，看似他人无法企及，却被黑人迈克·鲍威尔轻而易举打破。

黑人雄踞田径霸主的原因何在？黑人的超越地位是否有生理上更深一层的原因？对这一陈年老话，在美国和古巴的争论终年不休。在以上两个国度里，黑人的霸主地位与体育运动史密不可分。美国的最新一项研究表明，西非的黑人，亦即美国快速跑运动员最直接的种族祖先，其肌肉组织中含有67.5%的白肌纤维，比一般含有59%同类纤维的一名加拿大白人高出近10个百分点。之所以称之为"快速纤维"，是因为它的收缩速度极快，只需0.03秒即可"加足马力"，比"红肌纤维"收缩速度少一半时间，短跑运动员向上积蓄的快速纤维通常要比长跑运动员的多，所拥有的厌氧酶比率也高，这种酶对身体新陈代谢和启动速度起着重要作用。

从绘制出的黑人田径运动员生理属性剖面图看，问题更加明确。黑人的无脂肪组织（肌肉+骨骼+体液）比白人田径运动员的密度大。而这一点又意味着只有少数黑人成为游泳比赛中的佼佼者。不无例外，苏里南的安东尼·内斯蒂登上了百米蝶泳领奖台，这是"88汉城"赛事中的惟一一例。末节椎骨弯曲灵活自如，有助于臀部积累脂肪，这对加大牵引力和跳动有好处，但却失去了在水中运动的优势。哈瓦那体育医学研究所的卡洛斯·罗德里格斯解释说，在正常情况下，黑人田径运动员的四肢较长，但躯干较短。臀部积淀脂肪较多是非洲气候因素所致。

然而，历史并不了解这种人种生理的差异，它忠实地写下了黑人在体育运动中的光辉业绩。在巴塞罗那，美国人得的奖牌中27块属于黑人。美国以外，在速度赛中，另有来自马提尼克和瓜达卢普的法国人，来自苏里南的荷兰人和来自牙买加的英国人，无不是在国际大赛中曾走上领奖台的黑人。

地理因素不仅使白人与黑人之间生理上出现差异，而且即使在同一块非洲大陆上，不同地区的黑人体育专长也不尽相同。西部海岸国家，如纳米比亚或尼日利亚，产生了像弗兰克·弗雷德里克斯这样的短跑名将，他是"92巴塞罗那"100米和200米金牌得主。这一地区的善跑特长代代相传，如果是混血儿则更使这种专长锦上添花，美国的这一类短跑名将几乎垄断了男子100—400米比赛。令人奇怪的是，200米的纪录保持者仍然是意大利白人佩德罗·米尼亚。

非洲大陆中部和东部海岸，那里的黑人无不有着惊人的耐力。肯尼亚人和埃塞俄比亚人耗氧多，心脏大，肺活量也大得惊人。为揭开高耐力之谜，科学家们还成群结队前往肯尼亚的裂谷地来进行考察。

研究的结论是，黑人的体育优势来自发达的肌肉。肌肉周围布满了毛细血管和有"能量发生器"之称的线粒体。高海拔区的生活使黑人血液中氧气充足，从而长于1500米以上的长跑项目。埃塞俄比亚的加布雷塞拉西曾创造152项辉煌的长跑纪录。

"9秒9俱乐部"几乎没有白人敢问津，所有不到10秒跑完100米的人都是黑人。60年代西班牙100米纪录保持者、现"体育高级委员会"技术指导路易斯·阿尔瓦兰认为，只有德国人阿尔明·哈里差一点跨入10秒以内的行列，他在1960年奥运会上用10秒2的时间跑完了100米灰渣跑道。

在田径之外的其它体育项目中，黑人同样也显示出了他们超众出群的威风。在巴塞罗那奥运会上风卷残云般的"梦幻"篮球队，由8名黑人和4名白人组成。以"魔术师"约翰逊和迈克尔·乔丹为首的8名黑人队员为该队拿到了77%的得分，4名白人黯然失色。

许多专家对黑人篮板下的过硬功夫百思不得其解。巴塞罗那青年队的医生德尔芬·加利亚诺博士，对此进行了认真的研究。他对10名西班牙人篮球队员和10名美国黑人队员的躯体、形态进行了比较。他发现，西班牙人一组队员多数体形瘦健，线条分明，但华而不实；黑人一组则分明透出肌肉与骨骼的适度比例，是近似完美的巧妙组合。

在弹跳大有用场的体育比赛项目中，例如排球，黑人的优势也日渐突出。近3年以来，哈瓦那帕拉多山训练中心的专家们经过呕心沥血研究后，决定对国家队女排队员的选拔条件更加苛求，每位队员的触高（身体+伸开的胳膊+弹跳）不得低于250厘米，大大高于1977年世界杯赛的245厘米。另外在花样滑冰、体操项目上黑人也崭露头角。

拳击是黑人的另一大"专利"。一位白人当上重量级拳击冠军这样的事简直不可想象。最后一位系上尊贵无比的腰带的是瑞典人英杰曼·约翰逊，从1959年他做了一年的擂主。1983年又发现了一位昙花一现的冠军——南非的格里·戈策。此后，拳击擂主非黑人莫属。在国际拳击大赛中，美国黑人和古巴黑人囊括了所有级别的冠军。不过，职业拳击中，轻量级仍然被白人和亚洲人垄断，但他们始终突不破70公斤级这条线。

重量级世界冠军霍利菲尔德、泰森和刘易斯以及名将克莱、福尔曼、斯平克斯、霍尔姆斯等，都是黑人。

有人徒劳地用"超级种族"这种冠冕堂皇的字眼儿，来为黑人世世代代在奴隶般苦役和拷打下形成的优越体质作合理的解释。的确，忍受过当四轮车夫和棉花种植园劳作之苦的黑人无所不能。西班牙国家拳击手选拔员埃利奥·古斯曼解释说："在奴隶时代，1米90以上的不能有幸生存下来，主要喜欢像现在的次重量组体重的人为他们干活。"同欧洲垦殖者人种的融合，其后代往往兼有两种人种的优点。混血儿卡休斯就是例证，他那颅骨的形状总让人想到白人的影子。

黑人打入白人某些"专有"体育项目的过程是艰难而缓慢的。有些领地，至今黑人无权问津。这主要指那些富翁阶层专有的项目。在高尔夫球场上，在此领地中的黑人职业精英几无一人。

"轻音乐"伴奏"轻体育"

音乐艺术中有"轻音乐"。在轻快而优美的旋律中有秋水涟漪，有夜莺啭鸣，松涛泉响，也有柳绿花红的百花原野……。它长着无形的翅膀，飞越时间、空间，翱翔在人们的心田。它能解除人的疲劳，愉悦人的心情，宁静人的神经。因此，从轻音乐产生之日起就一直受到人们的欢迎。那么，体育运动，既然主要任务是有效促进人们身心健康，能否更有效地在增强体质的基础上，愉悦人们心情、培养乐观情绪、增进心理健康呢？答案是完全可以。70年代，世界上一些国家，开始兴起"轻体育"，这是体育锻炼不断完善和科学化的必然结果，也是新的世纪群众体育健身发展的必然趋势。

"轻体育"也称"轻松运动"、"快活体育"，有的国家称之为"低能运动"，它是大众健身运动的一种形式。其主要特点是灵活轻松，不拘形式，不追求高难度、大负荷和激烈竞争。它只要求根据个人实际健康，欢快地进行自己喜爱的体育活动，达到增进健康、陶冶性情、宁静和愉悦神经的目的。如健身跑，可以跑，跑累了也可走，走一段路程又可再跑；可以单独一个人跑，又可全家人一齐跑；可以在马路上跑，也可在田野森林和沙滩海边上跑；在跑的中途又可做游戏，也更可以在音乐伴奏下跑……

轻体育的关键是一个"轻"字，这个轻字有两层意思。第一，在运动中要愉悦轻快，要消除紧张情绪和被动消极情绪。轻体育中存在一种精神净化因素，使交感神经兴奋，肾上腺素分泌增加，血糖深度升高，促进人体内释放一种"欣快物质"内啡肽，该物质可使人心情愉悦、精神振奋、情绪高涨，这对消除人们不良心境，缓解心理压力，增添生活情趣均有较大益处。第二，轻体育的轻字表现在运动负荷、强度较小，耗能较少，即每周从运动中消耗1800—2200卡左右热量，运动中心率控制在最高心率的55%—56%即100—120次／分之间为宜。而且所从事的运动规则简单，不需求特别的场地器材，什么时候，什么地方都可以进行。总之，轻体育注重"精神卫生"、"心理卫生"，注重身心健康。这是人们生活方式变革的需求。

轻体育的实施和良好效果，改变了以往传统的运动观念，要增进健康不一定必须做剧烈运动。

当然，轻体育，并非是运动量越小越好，技术越简单越好。它要求人们既要认真选择适合自己身体情况的运动项目，又要把握好运动方式和负荷量，并要认真做好"健康里程"计划。医学专家们建议：以强身健体或改善心脏代偿功能为目标的人们，可以选择适量步行、健身跑、跳舞、骑自行车、打网球、上下楼梯、健美操、游泳等有氧运动；以消除疲劳和防治疾病为目标的人们（如高血压、骨质疏松、神经衰弱等患者），可选择太极拳、医疗气功、八段锦、扭秧歌、散步（或踏步）等。每周至少运动2—4次，每次持续时间为20—40分钟，运动量采用中低强度。

运动者要制定锻炼计划和进度（健康里程表），在健康里程表上记录自己运动锻炼的进度，列出各种体力活动所消耗的热量。如疾走15分钟等于普通走17—20分钟热量消耗。每劈柴、扫雪或打保龄球、乒乓球两小时就可以在里程表上记录1个健康里，每月积累，逐渐增加健康里数。同时还要经常记录自己身体感觉和运动后反应，定期检查身体，进行必要的医务监督。

美国卫生署署长在1997年4月的一份《体力活动与健康》报告中，充分肯定轻松运动的效果。报告里指出：不管什么人，即使多年以来一直缺乏运动，只要立即开始经常做温和的体力活动，不用多久就能达到一定健康水平，多花一点时间做不大吃力的活动，对健康的益处不逊于做较短时间激烈活动。每个人每天能累积相当于半小时温和运动活动量就够了。例如，下公共汽车后疾走15分钟回家，再在花园里工作20分钟或骑车15分钟就够了。

轻体育的兴起，在世界上还是近些年的事，它的理论和实践尚待完善。但是可以预见，在未来，必将迅速发展，它也必然会在世界健身活动中大显身手。

人类运动的潜能

1994年7月27日，美洲业余田径联合会举行庆祝会，庆贺古巴运动员打破2.44米跳高世界纪录"一周年"。原因是该纪录是一项"逼近人体极限的跨世纪纪录"。

据了解，在欢快热烈的气氛中，一些与会的体育专家却再次引发了一场严肃的激烈争论："世界纪录是否有极限？"

曾在男子400米跨栏国际大赛中保持连续120多场不败的美国"跨栏王"摩西，在1983年创造了47.02秒的"惊天动地"的纪录。当时，连裁判也不敢相信，都以为是电子计时器出了问题，经反复核实后，才予以承认。在场的教练员都认为，谁敢断言这个纪录还会被打破，一定是"痴心妄想，呆人说梦"。然而仅仅9年后，在1992年巴塞罗那奥运会上，一代新跨王，美国的凯文·扬潇潇洒洒地跑出了46.78秒！

在1968年的墨西哥城举行的第19届奥运会的男子跳远比赛中，美国选手鲍勃·比蒙跳出了"惊世骇俗"的8.90米，比原纪录竟然一下子超出了0.55米！当时，全球绝大多数专家都深信，这个纪录绝不可能再打破了。可是23年后，在东京举办的世界田径锦标赛上，美国运动员迈克·威尔居然脸带微笑、从从容容跳出了8.95米，一时间令全球田径界目瞪口呆，难以置信！

尽管有人乐观地认为：跳高超3米，跳远超10米是可能的。但大概不会有人相信跳高能超过3米，抓举能超一吨。作为生物的人，自然也存在着本身的生理能力不能逾越的界限。随着科学技术的进步，电子记时早已代替了人工记时，更精确的测量方法会不断形成和发展，但这只能说明

1%秒、1‰。秒；一毫米，几分之一毫米的破纪录过程会永远继续下去，然而最后终究停在某个绝对界限之内。

问题是这个极限值在哪里？这不是件容易回答的事。例如，100米短跑，有人用生理学知识分析，认为运动员要是比10秒更短的时间跑完，他就必须以每步不到0.2秒的速率去跑50步。我们知道，腿部肌肉的收缩和放松需要0.1秒，激发讯号沿神经系统往返传输要0.07秒，讯号通过神经细胞突触不少于0.02秒，这样合起来就得0.19秒，因此看来百米成绩9.5秒已经是生理能力极限了。不过由于上述分析带有一定近似性，所以准确的极限值可能小一点，可能在9.1—9.3秒之间。

人体生理能力的有限性，决定了运动成绩存在极限，这只是问题的一方面，另一方面，人类对自己身体的潜力还不能说已经十分清楚。因此，现在的运动记录，即使已经高到难以突破，但是一旦充分调动起人体各部分的活动能力，就很难说不会再提高。每当一项运动达到相当水平后，人们往往会误认为到了极限。

1937年芬兰著名长跑选手努尔米曾经在座谈会上说：

"我认为5000米的成绩达到14分，1万米达到29分，就已经是人的能力极限了。"当罗马尼亚女跳高运动员巴拉斯用剪式技术越过1.91米高度，创造女子世界纪录之后，专家们曾认为女子跳高超过2米是不可能的。

1980年奥运会之前，原民主德国选手维西格只跳过一次2米27，但奥运会那天，他接连轻松地跳过2米15，2米21，2米27，2米31，2米33最后以2米36的成绩创造了世界纪录。

美国教练伊格里讲：如果我们充分发挥人的最大能力，世界纪录可提高：15%—20%，因为人本来的能力和智慧是没有止境的！

运动员的身体潜力首先是生理潜力。事实证明，久经训练的运动员的生理功能比普通人要强得多。在普通人受不了或导致生病的机体负荷下，他们的脉搏可达200次／分，体温升至39℃—40℃，血中葡萄糖达45%—

50%毫克。由于经过训练的机体对这一状况的适应，心血管、呼吸、排泄、体温调节系统功能自然加强了。除了生理功能的潜力不可忽视外，作为社会的成员，运动员不可避免地要受到社会因素影响。例如运动员创造成绩的主观动机和客观动力，克服机体处于极端状态时不适应感觉的意志力，敢于拼搏甚至敢冒险的精神，以及各种抗干扰能力；这些都是挖掘心理潜力考虑的课题。比方说，通常在那些重视体育运动并赋予第一流运动员很高社会地位的国家，运动员的成绩也较高，这在一定程度上是心理潜力得到动员的结果。此外，还可以提高生物化学潜力和技术潜力等。因此，如何通过适当方式认识、估计、发掘人的运动潜力，是提高成绩和正确判断纪录极限的关键。

仅就人体的生理潜力具体可以区分为三部分：普通人日常工作中遇到疲乏便停下休息，然后再工作，再休息，如此反复，这时他们只使用了生理能力中第一部分；运动员为了增强体能，提高运动成绩，反复进行超负荷的训练，可以说运动员动员了自己第一份生理能力；在极端条件下，例如发生重大事故、剧烈战斗，出现比赛高峰状态时，人的神经系统受到异乎寻常的激励，引起肾上腺素和垂体激素的超量分泌。这时人们可以做到难以相信的事，一直干到昏厥，自动停止工作。即使在失去知觉以后，机体继续产生维持生命的能力。到这时，机体才完全动用了它的最后一份能力。充分挖掘这第二和第三部分生理能力，这就是动员开发生理潜力的具体内容。从第一届奥运会到现在，短跑成绩提高17%—25%，跳高提高50%，举重（重级别）提高达100%，就其根源来说，这就是生理潜力逐渐开发的过程。

既然人的奔跑速度是有极限，那么又如何解释百公尺纪录不断刷新这个事实呢？这似乎是矛盾的。

其实不然。有一个古老的数学问题值得引用："竿长一尺，日取其余半，则不能穷也。"一定长度的竹竿，每天截去一半，第二天取四分之一，第三天取八分之一，你会发现：虽然每天都取一点，可你永远取　不完。

一些著名田径专家在慕尼黑奥运会后曾预测过1980年的世界纪录，但当时有人嘲笑他们是滑稽的幻想家。然而，若干曾被大胆想过的世界纪录，今天已经被创造出来。所以，预测世界纪录是可能的，也是应该的。因为专家们已经掌握了体育科学中关于增长成绩的各类条件因素。在未来新世纪，运动员训练要比起他们的先驱先进得多，训练中将进一步讲究训练环境，有供全年训练的训练中心和场地，轻巧舒适的运动器材，所有这些都为21世纪创造新的世界纪录提供了有利条件。

取得成绩的幽默瞬间

被称为"十项全能之王"的汤普森，高大魁梧，宽阔的肩膀，肌肉发达的胸脯，黑里透红的皮肤，加上富有表情的眼睛，是一副美男子形象。特别是他那富有文化素养的幽默感，被许多姑娘所爱慕。1983年，赫尔辛基世界田径锦标赛结束后，有位报社记者为了捕捉一些有关这位体坛巨星的花边新闻，问汤普森：

"你有女朋友吗？"

"有十个最要好的。"

"这么多？总该选择一个吧？"

"不多不少，十个我都要，一个也不能丢弃。"

"可以披露她们的姓名吗？"

"当然可以，我的十个女朋友就是十项全能。"

从汤普森幽默回答中，我们可以体味到他是十分热爱十项全能运动的。汤普森从小热爱体育，少年时就有"快速坦克"绰号。他的启蒙教练认为他能成为优秀十项全能运动员，他就立志从事最艰苦的运动，他在训练中非常刻苦。不久，在一次比赛中就达到6688分，当时他才16岁，比英国少年纪录高出2000分。当时汤普森母亲坚决反对他从事这项运动。对他说：你要么工作，否则就离开这个家！"汤普森真的离家出走，住到父亲生前老朋友家。不久英国国家田径队教练看中了这个1.86米小伙子，在国家队训练中很能吃苦，而且非常聪明，进步很快。1977年7月汤普森荣获欧洲青少年冠军，以8124分创造了青少年十项世界纪录。成为世界上超过8000分最年轻的选手。

1984年，汤普森来到中国，参加在南京举行的国际田径赛。记者问他：

"十项全能什么时候能达到9000分？"

"明年。"

"谁先第一个达到。"

"这还用说吗？"

在汤普森和欣格森的7次对抗中，汤普森多次以100分左右优势获胜。但欣格森也多次刷新世界纪录。当记者问他：你是否还能同欣格森抗争？他说：

"这并不真正表明我们之间的能力。从全面考虑，我们之间的差距不只是100分，至少是200分。"

上述汤普森幽默的回答中，我们可以看到，汤普森是个要求自己严格，自信而永不满足的人。

1982年身高2米的欣格森刷新8727分的新纪录，9月汤普森将与欣格森在雅典欧洲锦标赛上相遇。两虎相争，必有一场厮杀，可是偏偏在紧张赛前训练中，汤普森因撑杆跳的尼龙杆折断戳伤肩部，人们都估计很难参赛了。但是9月6日出乎意料，他竟好像没伤似的出现在赛场上，并且以8743分成绩夺冠，破了两周前欣格森创造的世界纪录。欣格森说，我对汤普森的钢铁意志、出色战绩以及令人喜欢的幽默而甘拜下风。

1986年，在联邦德国斯图加特举行欧洲锦标赛，他又遇到欣格森和文茨的挑战，汤普森装作不把他们看在眼里，他的T恤衫上印上博里斯、伯恩哈德和他自己的名字。博里斯是头号网球选手，伯恩哈德是高尔夫球选手。汤普森的用意显而易见。联邦德国人最喜爱的十项全能选手应是汤普森。他回答记者提问时说：

欣格森要获得金牌只有两个办法："一个是偷我的，另一个便是参加别的比赛。"然而他那严格要求刻苦训练的精神，却让所有人肃然起敬。

他每天从早晨一直练到天黑。他始终坚持这种安排。他不喝酒，不抽烟，保持良好生活规律。为了达到目标，他虚心求教。为了提高撑杆跳技术，他专门请来苏联教练安德烈，从而使他的弱项变成了强项。

1982年，一个英国统计学家列出一排统计数字，汤普森十项全能各单项最好成绩相加已超过9000分，总分为9107分。

汤普森为达到顶峰做了多次冲击。他不轻易放弃自己的追求，即使达不到最高峰，他也不离开十项全能运动，因为他把十项全能看作他的生命。

汤普森是一位无与伦比的天才，虽然他因伤退出田坛，但他是同年代运动员最后退出田径赛场的，他被评为80年代世界田径十佳运动员是当之无愧的。

在世界优秀运动员中，还有一位瑞典运动员以幽默著称于世。这就是舍贝里。他在23届奥运会中参加跳高决赛，在比赛开始不久，全场观众就神奇般地喜欢上这位金发的小伙子。他们为他加油、欢呼，显示出运动员幽默的威力。

他在跳高架旁喜笑颜开，不停地做着滑稽、幽默的准备动作，显得十分从容不迫和胸有成竹。一次试跳后，横杆在跳高架上颤悠了几下，他举手高呼："看在上帝的分上你最好待在那里别动。亲爱的，我求你了！"可是横杆还是掉下来了。试跳失败后，舍贝里跪在海绵垫上，又一次开心地笑了。观众们为他这种幽默轻松的举止所打动，全场又一次欢呼声为他加油助威。经过一场拼搏，舍贝里获得银牌。舍贝里绝非哗众取宠，这是优秀运动员心理素质良好的具体表现。经过一系列的放松活动后，舍贝里已进入一种相对超脱境界。而观众的欣赏又好似注入了兴奋剂，这就不难理解舍贝里的超水平发挥。

"卡门"之战

在举世瞩目的卡尔加里冬季奥运会的体育馆里，两度响起雄浑有力的《卡门》乐曲。身着紫红色上衣黑色短裙的民主德国姑娘维特与美国的黑人皇后托马斯争夺女子单人滑冠军宝座。由于维特和托马斯不约而同地选用歌剧《卡门》的乐曲作为表演配乐，因而外电称这是一场《卡门》之战，是"卡门对卡门的火并"。

22岁的维特，出生于卡尔·马克思城。她身高1.65米，体重52公斤，是练花样滑冰的理想身体。她从5岁开始滑冰，她母亲送她到一所有名的专业学校学习，拜著名教练米勒女士为师，开始练花样滑冰。对于维特在训练中，米勒是"严父"；生活中，她又是"慈母"，在维特的心目中米勒已胜过自己的父母。

1983年，18岁的维特第1次参加欧洲花样滑冰锦标赛即获得冠军，其后又蝉联6届欧洲冠军，并4次获世界锦标赛冠军。

1984年，她在萨拉热窝冬奥会上精彩绝伦的表演，使全世界感到震惊。一家美国化妆品公司提出愿出100万美元请她拍广告；从世界寄来的情书竟有35000多封，甚至在洗澡间里也堆得满满的。

在前民主德国，维特是家喻户晓的明星，是前民主德国的骄傲。

另一个是黑人姑娘托马斯，她出生于1967年，是美国花样滑冰一颗冉冉升起的新星。

托马斯的父亲是一家小计算机公司的老板，母亲是电脑技术员。为了培养女儿，托马斯父母不惜重金，每年支付费用25000美元。

托马斯体态轻盈，表演时热情洋溢，动作豪放，比赛中极易引起观众共鸣。

1986年，是托马斯光辉的一年。2月，她在全美花样滑冰比赛中，以5个三周跳高难惊险动作，登上冠军宝座。3月她又在日内瓦举行的世界女子花样滑冰锦标赛上战胜冰上皇后维特，夺得冠军。成为80多年世界女子滑冰史上第一位黑人女子冠军。和众多的体育明星不同，托马斯在学习上一直是高材生。高中毕业时，她同时被美国著名的哈佛大学和普林斯顿大学录取。但最后她却选择了斯坦福大学攻读化学和生物学；托马斯在苦练花样滑冰同时，从未在大学缺过一节课。她说：我想向世人证明，我在学业上不但会获得成功，而且在冰上运动中，我也会成为冠军，但这并不妨碍我记住所有分子式。

举世瞩目花样滑冰女子单人滑比赛开始了。一开始维特和托马斯就展开了激烈的较量。

第一天，比赛规定图形，这是维特的弱项，比赛结果前苏联25岁的伊凡诺娃第一，托马斯第二，维特仅居第三位。

第二天的短节目比赛中，这一白一黑的冰上巨星形成了鲜明的对比。

维特选择了电影"我爱新娘"的主题音乐作伴奏音乐。随着悠扬的乐曲，她翩翩起舞，动作自然生动，随着音乐的加快，她还滑出了类似踢踏舞的直线步伐，令观众看得如痴如狂。她获得了接近满分的5.9分。（满分6分）

托马斯所选择的音乐是黑人流行歌曲"生与死"中的主题音乐。她的动作快速、粗犷、有力。伴奏音乐与动作间珠联璧合，具有一种诱人的魅力。比赛结束后一位裁判说这种音乐太可怕了！结果她获得了5.8分。

两项比赛结果，托马斯积分居第一位，维特第二。

决定性的自由滑比赛开始了。赛前，维特和托马斯几乎同时宣布，在本届冬奥会结束后，她们将退出冰坛，维特将去圆影坛明星梦，托马斯将去攻读学位。这是她们两人最后一次决战。

赛前新闻界评论维特的舞装是"袒胸露乳"过于暴露，有意挑逗裁判和观众。然而维特说："服装是花样滑冰不可缺少的一部分，为的是表现美，每个男人都愿去看一位外形美的女郎，而不愿去看一眼形体如球的女人。"

维特舞装前胸确实开的很低，呈V字形，但内里又衬着近似肤色的紧身衣，实不为过。至于舞装上装饰的亮片也完全是为了追求一种冰上效果，也无可厚非。

一场卡门之战开始了。一个"青春少女卡门"——托马斯与"美艳魅力卡门"——维特之战开始了。看谁能用冰上的语言和充沛的感情，真实地表现出热情奔放，不受羁绊的吉普赛女郎卡门的个性，将成为获胜关键，裁判员必须作出抉择，谁将"卡门"诠译得更加尽善尽美。

身穿粉红色冰舞衣的维特先出场了，在表演中维特把吉普赛少女卡门的惟美和奔放热情全部融进动作中，精湛绝妙的舞技，把体育与艺术融为一体，高难的旋转，惊险的三周跳，连接近于仆倒在冰面上的优美结束动作，完满地结束了她的全套动作。维持获得成功。

"卡门"乐曲再次响起。托马斯自知在艺术表现方面很难与维特抗衡，她力图在技术难度上胜过维特。在企图完成后外点冰三周接后外点冰三周联跳时，重心不稳，仰面倒在冰面上。结果维特卫冕成功。托马斯只获铜牌。

这场"卡门之战"就这样宣告结束。

不地道与讲究的竞技

足球比赛作为没有硝烟的战争，历经百年，风风雨雨潮起潮落，演绎着多少精彩场面，衬托出多少豪杰，沥洒下多少青春血泪。也暴露出一些见不得阳光的丑事和丑恶的灵魂。下面介绍在足球史上最无耻和最精彩的两场比赛：

随着世界杯赛的不断壮大，地球在不断缩小，而足球在不断放大。亚洲和非洲国家声势在不断高涨。1982年，西班牙经过唇枪舌战，击败所有申办国获得主办权。1980年初开始，100多支球队分5大赛区进行角逐。国际足球开创历届先例，将决赛段16支球队，增至24支球队，中国队相隔24年也加入参赛行列。本届世界杯赛亚洲、非洲、大洋洲的出线名额也增至4名。非洲的阿尔及利亚队表现令场内外瞠目结舌，他们在小组赛中曾让后来成为世界杯赛亚军的联邦德国队在其脚下俯首称臣，成为足球史上一大新闻。但极为不幸的是，由于奥地利同联邦德国队在本届世界杯赛上最无耻的一场比赛中串通一气，搞"君子协定"，使阿尔及利亚无辜遭淘汰。为使这两支欧洲球队都出线，联邦德国队只需小胜即可，否则阿尔及利亚就会出线。结果联邦德国队以1：0胜奥地利队。只见场上球员胜似闲庭信步，很明显，比赛结果在赛前已安排好。尽管阿尔及利亚提出强烈抗议，但终被淘汰提前回国。联邦德国队还卷入本届杯赛另一起丑闻。在该队与法国队半决赛上，门将舒马赫在罚球区边线上冲撞巴蒂斯通。不但撞掉了3颗门牙还使他下颚骨折。其后舒马赫仍留在场上，而巴蒂斯通已无法再战。联邦德国队开始从1：3失利追到3：3平，使比赛不得不以点球决胜负。这在世界杯赛史上还是第一次。联邦德国门将的粗野，使广大观众愤慨，连联邦德国队队医波恩都说："舒马赫的暴力行为使他震惊！"

1986年墨西哥第13届世界杯足球赛以阿根廷战胜联邦德国队捧走世界杯而告结束。这个结局是公正的，也是令人信服的，许多国家的足球劲旅从大赛中收到良好的教益。东道主的好客，完美的组织工作，各球员间的友谊，使本届大赛获得成功，特别是阿根廷与联邦德国决赛以及巴西和法国两队比赛，堪称世界杯有史以来最精彩的比赛。专家们还称之为"世纪之战""经典之作"。

阿根廷与联邦德国队冠军之争，阿根廷队以3：2获胜，主要归功于天才的马拉多纳，他无论在个人技术，临门冲射，还是率军突破防守方面，都显示了"球星战术"的不可忽视的威力。

比赛一开始，双方都很谨慎，都特别注意防守。但又都不失时机地寻找进攻机会。上半时22分时，阿根廷在底线边沿获任意球，球踢得相当刁钻，致使联邦德国守门员判断有误，轻易出击。他的大鹏展翅式扑出未能击中球，阿根廷5号用头一点将球顶入空门。

下半时，联邦德国调整阵容，采用双中锋，加强门前制控权，同时加快速度，企图扭转颓势。然而10分钟后，忙中出错，又让阿根廷队巴尔达诺单刀赴会，再下一城。在阿根廷2：0领先情况下，联邦德国队不愧世界强队，他们临危不乱，全队在短时间内调整好情绪，坚持自己打法，做到了信心不失，斗志不减，阵脚不乱，顽强拼搏。下半时27分钟，联邦德国队得到角球，角球发到第一门柱，一队员头球摆渡，鲁梅尼格一个爬虎一蹴而就，扳回一分。使联邦德国又一次燃起希望之火，攻势连绵不断，35分钟又得角球，球发至第二门柱，头球摆渡回到小禁区，9号弗尔勒尔一个冲顶将球打进网窝，扳成2：2平。

两队出现平局的戏剧性变化，人们都为联邦德国队呼喊庆祝，以便有机会再睹延长期精彩场面，时隔仅4分钟联邦德国队乐极生悲，偶然不慎，让马拉多纳传出一记漂亮自传球。队友布鲁查加心领神会，高速疾进，摆脱了联邦德国后卫的拦截，再一次同守门员舒马赫形成一对一局面，舒马赫无奈只好弃门而出，布鲁查加从从容容地乘守门员重心不稳之际把球送入空门。人们再一次欢呼。最后剩下几分钟，联邦德国队作出孤注一掷的努力，但未能成功。阿根廷终于如愿以偿，捧走了第13届世界杯足球赛的大力士神金杯。

这届世界杯比赛，巴西队和法国队的较量也十分精彩，国际足联称之是"经典之作"。

本届比赛组织工作十分出色，组织者从大学生中挑选600名小姐，经过两年培训，担任本届大赛的接待工作。这些18—24岁妙龄女大学生，身穿时款西服，口操流利的英、法、意、德、葡、日语，随时为客人提供球赛信息，她们的口号是"绝不回答不知道"，她们出色的接待工作获得各国人士的好评。

本届足球大赛安全保卫工作更是有史以来大赛中最好的一次。为了本届世界杯顺利进行比赛，墨西哥安全部调动万人和派出425辆汽车巡逻。

喋血绿茵赛场

稍有记性的人们一定不会忘了发生在1994年第15届世界杯赛的那桩举世震惊的枪杀球星事件。

6月22日，哥伦比亚队与水平较次的美国队对阵。在上半场第10分钟时，哥队中卫埃斯科巴不慎将球挡进了自家大门，最终哥队以1比2被淘汰而提前打道回府。悲痛的埃斯科巴万万没有料到更大的悲剧正等着他。7月2日晚，他在麦德林郊外遇到三男一女，其中一男上前对准埃斯科巴胸口就是一拳："感谢你把球踢进自家大门！"随后便朝他的头连开

12枪。这位哥伦比亚最优秀的中卫就此命归黄泉了，这突如其来的暴行吓跑了哥队的主教练，助理教练也不敢再接任，更使其他队员心惊胆战，不敢回家，人们万万没有想到球星的一次"骏马失蹄"竟会招来断命的下场。

随后警方断言，这次暴行绝不是个随心所欲的产物，而是赌博头领操纵和指使的。其实，由哥伦比亚恐怖组织上演的足球暴力事件又何止这一例。早在1990年第14届世界杯前夕，国家队主教练就受到恐怖分子的恐吓：由于贩毒大亨控制了比赛而他们输了300万美元，威胁主教练要么脱离大亨要么离开国家队。球队因此受到了贩毒大亨和恐怖组织两方的威胁。哥伦比亚足球界还为此在全国发起了一场"净化哥伦比亚足坛"的签名运动，呼吁人们起来与恐怖分子斗争。

"足球王国"意大利，是黑手党的大本营，犯罪集团对俱乐部或球员的威逼、施压现象，绝不亚于哥伦比亚。据该国权威部门称，在意大利，至少有800支球队和1.3万名球员处于意大利一个名为科摩拉的大黑手党组织的操纵下，俱乐部头目稍有违黑党之意，便随时有丢掉老命的可能。

足球暴力得以不断滋生的根源是赌博公司公开以足球比赛进行豪赌。赌徒们瞪着血红的眼睛注视着每一场比赛，每一个进球都与他们的财运紧密相连，为了控制比赛，他们不惜动用杀手。英国是世界足球赌博中心，第15届世界杯赛中，有人估计，全部52场比赛，赌注达3000万英镑之高。

据美联邦调查局测算，1984年该国体育赌博总额达700亿美元，其利润仅次于毒品交易。如今，绿茵场赌博风正向足球发展相对滞后的东南亚地区蔓延。越南曾有不少学生卷入，发生过多起学生赌博输了后自杀事件，造成了不良的社会影响。各国警方虽想方设法予以禁赌，但由于赌博公司头目活动隐蔽，一直难以遏制。足球暴力仍不时发生，成为现代足坛极具危险性的阴暗面。

一谈及足球流氓，人们不会不提起英格兰球迷。在赛场外大街、公园的长凳上，一群群人袒胸露乳，怀揣酒瓶子，时刻准备在全市掀起一场足球骚乱。这便是英格兰足球流氓的典型形象。

一场英国队同爱尔兰队的友谊赛在柏林举行。当时，一些英国足球流氓雨点般地往球场上投掷椅子、石块、酒瓶，造成多名球员受重伤，比赛被迫中途取消。在此之前英国球迷已不止一次地在国内足球赛中制造流氓暴力事件，一次次地玷污英国足坛的形象。

有人对英国球迷、球痞在国外的闹事做过一个小统计，从1974年至1984年十年间，他们较大规模的闹事就有15次之多，平均每年一次以上，每次都造成很大的人员伤亡和巨大的经济损失。英国的足球流氓正同"疯牛病"一样令人闻风丧胆！

迄今为止，英格兰球痞引发的三大足球惨案，足以说明足球流氓的为害之烈。

1985年5月29日发生在比利时布鲁塞尔的海泽尔足球大惨案。赛前就有200多名英国球迷上街抢银行和珠宝店；还有一些球痞成了酒疯子，到处寻衅滋事；当晚比赛时，英格兰足球流氓拆毁了分隔座位的铁栅栏，冲进意大利球迷看台区进行袭击，混战长达1个多小时，随后又攻击比利时，堪称英国足球史上最大的惨案，导致108人死亡，200多人受伤。当时场内已坐满了5万名观众，球赛开始后，约有4000名没有门票的球迷拥在球场大门外，其多数为利物浦球迷，他们吆喝着、拥挤着要进场。此时大门被挤开，大批球迷瞬间一拥而入，前面又是分隔看台与球场的铁丝网，于是立刻造成了一场胸背相叠、前倒后踩的惨剧。英国警方在事后评论说："暴力或暴力倾向才是希尔堡惨剧的元凶！"

暴力似乎是竞技体育的一部分，尤其是在足球项目中，有关专家曾对其进行研究并得出结论：足球暴力之所以屡禁不绝，除了历史渊源和社会原因之外，黑社会的插足和新纳粹主义的渗入更是深层的因素。

这个星球上的人们，一直在疾呼：绿茵场，拒绝惨案和暴力！

足球运动在近60年来得到了巨大的发展，然而，人们在享受足球的力与美的同时，也一次又一次地领略了足球暴力、足球惨案的腥风血雨。据不完全统计，二战以来，层出不穷的足球暴力和足球惨案已使1300多人丧失了宝贵的生命。

早在1946年3月5日，在英国伯尔登体育场的一场球赛中，一球迷为了抢占座位而酿成骚乱，看台被挤踏，33人死亡，500多人重伤。

1961年4月，在圣地亚哥一场智利对巴西的球赛中，智利的球迷放鞭炮引起火灾，5人死亡，300人受伤。

1964年5月24日，一场由秘鲁与阿根廷争夺奥运出线权的足球赛在秘鲁首都利马开战，警方为制止球迷的骚乱使用了催泪瓦斯，观众大为恐慌，四处逃窜，98人被踩死，500余人被挤伤。

1969年10月，一场萨尔瓦多对洪都拉斯队的世界杯出线权争夺战，两国球迷发生冲突，进而升级为一场史无前例的两国军事冲突，这场"足球战争"持续了一个星期，造成2000多人死亡。

1982年11月18日，哥伦比亚卡里市，喝醉酒的球迷往下层看台掷脏物，引起骚乱，造成4人死亡，210人受重伤。

1992年5月5日，法国科西嘉岛一场法国杯决赛权的争夺战，临时看台因观众有的集体跺脚而倒塌，死26人，伤700多人。

1996年6月22日，欧洲杯1/4决赛，失球的英国队的球迷在赛后上街闹事，伦敦市多处有球迷骚乱，死数人，伤数百人。

细细分析起来，发生以上这类足球惨案的原因在于球迷斗殴、争座位、放鞭炮、扔杂物而引发骚乱，同时与看台设施、管理不善和警方临场处置不当有关；惨案多发生在欧洲和南美，与足球运动发展水平成正比。

其实，足球惨案远不止以上这一些，还有两种由足球暴力所引发的足球劫难。

一种是球场上球员间名为"杀伤战术",实为相互残杀的足球暴力。贝利的腓骨、巴斯滕的膑骨和马拉多纳的胫骨都是足球暴力这种"杀伤战术"的牺牲品。以贝利为例,他在第7届世界杯中一场比赛上就被墨西哥队员踢伤,以致无法参加以后的几场比赛;第8届,他又遭劫难,两次被踢伤。受伤后的贝利曾痛心疾呼:"不知道这种暴力何时是个尽头!"

另一种足球暴力是黑社会恐怖集团对有关球星、教练、俱乐部老板以及富正义感的新闻记者的暗杀、枪杀事件。黑社会组织为了操纵某场比赛或某支球队,总是不择手段地制造暴力事件达到不可告人的企图。

方寸间显体育百科

自从希腊于1896年发行一套体育邮票到现在,几乎世界各国都发行了体育邮票。体育邮票已成为最大、最热门的集邮专题之一。其数量之多,范围之广,很少有其他专题可比。每个邮票发行国,每位邮票设计者,都尽量采用最精彩画面,尽力表现最高的邮票艺术水平。当你打开体育邮票集时,不能不被这些洋溢着强烈的"健与美"的精巧小画卷所吸引。一枚体育邮票佳作,不仅给人们以很高艺术享受,而且还使我们在方寸之中学到不少体育知识。所以有人说,体育邮票如同一部"体育百科全书",此话一点不夸张。

足球运动被人们称为世界第一运动,而四年一届的世界杯足球赛是世界足坛上最重大的比赛。在此,每逢举行世界杯大赛,很多国家专门发行纪念邮票。莱索托王国和主办国西班牙发行的一套由12枚邮票组成的小版张纪念邮票。我们可以看到从第1届至11届世界杯足球赛历届举办国国名、举办年代，历届冠军、亚军队国旗、国名、队服、甚至还记录了冠亚军决赛双方得分。这小小的邮票，真可称得上是一部袖珍世界杯足球赛史了。

近百年来，奥林匹克邮票和形形色色的体育邮票，以其独特的魅力吸引了成千上万的集邮爱好者。

1896年，第一届现代奥运会在希腊雅典举行时，希腊面临严重财政困难。希腊邮政部门为此及时发行了1套12枚以古奥运会为题材的邮票，售价虽比面值高，但人们争先购买，希腊发售后，换来了40万德马拉资助奥运会。

这套邮票选用了古希腊有关体育运动的艺术作品和古代奥运会比赛项目为图案。雕塑家米隆的《掷铁饼者》、古希腊瓶画、拳击、赛车、竞技场、宙斯神庙跃然纸上。

以后的第二届到第六届，各举办国都有发行邮票。1920年，第7届奥运会在比利时安德卫普举行，比利时发行了一套3枚邮票。此后，各国主办奥运会都发行邮票。

随着世界体育运动发展，现代奥运会的规模越来越大，世界集邮爱好者人数增长到一亿多人。因此近几十年的体育奥运邮票，不但数量多，设计水平也高，再加上采用现代最先进印刷技术，邮票精美小巧，堪称小型艺术品。

1964年，第18届奥运会在日本东京举行。日本为了筹集大会所需资金，从1961年就陆续发行附捐邮票。这套邮票共20枚。以此届奥运会的20个比赛项目为图，每枚面值5元，附加5元，1枚10元出售。邮寄物件也5日元使用，附加5日元作为奥运资金。这套邮票雕刻版印刷，总发行量1亿6千万枚，另有1千多万张小型张出售。

冬奥会的纪念邮票发行较晚。1932年第3届冬奥会在美国普拉西湖举行。美国发行1枚纪念邮票。画面是一个飞驰61滑雪运动员。

从1896年起至今，世界各国发行邮票数目已达数千种。奥运会邮票多次为大会筹集基金，因此有"邮票拯救奥运会"之说。

把奥林匹克精神表现在方寸大小的邮票之中，并非易事。它的画面设计，使各国众多的艺术家为此呕心沥血。他们都力图以不同的艺术手法精心创作。在印刷上，有的国家采用了立体印刷技术，邮票有丰富的层次感，给人以视觉上的空间感。这些丰富的内容和表现手法，不仅吸引了亿万集邮爱好者，而且构成一幅绚丽多彩的体育历史小画卷，也是一本图文并茂的体育百科全书。

人机大战谁 hold 住？

1997年5月3日至11日，在纽约进行的人机大战中，电脑"深蓝"战胜了卡斯帕罗夫，成为历史上第一台击败人类的机器。

卡斯帕罗夫生于阿塞拜疆的首都巴库。他13岁获前苏联青年冠军，17岁获国际大师称号，19岁成为世界棋坛的第二号人物。1985年，22岁的卡斯帕罗夫战胜卡尔波夫，成为历史上最年轻的世界冠军。从那时到此次比赛前，34岁的卡斯帕罗夫还没输过一场比赛，他威风八面，被公认为国际象棋历史上最好的棋手。当今国际象棋之主在位已近12年，几乎就是智慧力量的象征，据说，他打电话从不用查号码，其记忆可见一斑。

其实，卡斯帕罗夫并不只是个棋手，他还是个象棋教育家、苏联和东欧问题专家。他已出版过4本专著，创办了以他的名字命名的基金会。他是《华尔街日报》有史以来最年轻的专栏作者，并经常被邀请到国际会议如世界经济论坛上演讲。他一直致力于国际象棋在学校中作为一门课程开设。他自己创办了国际性的象棋学院。与绝大多数埋头棋道的象棋运动员相比，卡斯帕罗夫能在繁忙的社会活动和社会事务中取得今天的成就，不能不说是个奇迹。

相比之下，为了战胜卡斯帕罗夫，"深蓝"可以说历经三代努力，"卧薪尝胆"12载。

就在卡斯帕罗大战胜卡尔波夫成为世界冠军的同时，还在卡耐基·梅隆大学读博士的华裔青年许封雄就开始研制会下棋的计算机——"芯验"，瞄准的对手就是卡斯帕罗夫。1989年，许封雄和他的同学坎贝尔进入IBM，"深思"一代出生了。当年，它与卡斯帕罗夫在纽约第一次交手，两盘棋卡斯帕罗夫都赢了。

第二年，"深思"一代与卡尔波夫在波士顿又进行了一次较量。结果又败下阵来。

1993年，"深思"二代战胜了女子国际象棋大师朱迪特·波尔加，她是苏珊·波尔加的妹妹。

卡斯帕罗夫与"深思"的第二次交往是1994年。"深思"二代同样被卡斯帕罗夫打了个落花流水。1996年，"深蓝"与卡斯帕罗夫进行了第一次真正意义上的较量，并且一鸣惊人，取得了首盘胜利，但卡斯帕罗夫最终还是以4：2战胜了"深蓝"。赛后，卡斯帕罗夫称"深蓝"棋力太弱，在对象棋的"感悟"上，甚至还不如一个婴儿。

本次比赛开赛前，卡斯帕罗夫对待比赛的态度严肃多了。如果说那时他所想的是怎样能赢得更完美的话，1998年，他所担心的恐怕就是自己是否犯了不该犯的错误了，卡斯帕罗夫预测结果为3.5：2.5他胜。最后的结果确实是3.5：2.5，只不过获胜的是"深蓝"。有人和卡斯帕罗夫开玩笑说："你说对了一半。"

为战胜卡斯帕罗夫，"深蓝"更是厉兵秣马，其背后的6名高手忙了整整一年。

IBM特地请来美国特级大师本杰明做象棋顾问，"深蓝"棋力迅速增长。它"牢记"100年来所有国际象棋大师的棋谱，当然卡斯帕罗夫所有的对局。已经可以称为"深蓝博士"了。"深蓝"现在能够更好地处理棘手情况。1998年下第6盘棋时，"深蓝"的一车一象都被对手的一个小卒子吃了，如今它再也不会掉进这样的陷阱了。装有286个处理器的"深蓝"的运算速度也有提高，可以在一秒钟之内判断出2亿种可能。卡斯帕罗夫对"深蓝"每秒2亿步的速度深有体会，他说同样一步棋，"深蓝"2—3分钟就能走出，而他的"686"计算机要让他等上六七个小时。"深蓝"已是今非昔比，现在它有了新的称号——"更深的蓝"。

　　第二盘棋开赛之前，"深蓝"的操作者把指导计算机如何开局的重要文件放错了地方，让"深蓝"即兴发挥，尽管他发挥得相当不错，可还是让卡斯帕罗夫赢了。也还发生过"深蓝"要这样走，操作棋盘的人却那样放子的事情，以至于还没来得及改正时，卡斯帕罗夫已经往下走了。要说，"深蓝"对以前的败绩也是挺委屈的。以往比赛，"深蓝"都待在远离赛场的地方，靠通讯设备和赛场联系，颇有点"悬丝诊脉"的意思。"深蓝"终于亲临赛场，就坐在卡斯帕罗夫头顶上的一层，好好地给卡斯帕罗夫把了把脉。

　　在同"深蓝"的比赛中，卡斯帕罗夫明显低估了他的对手。他很沮丧，过于相信计算机已预先计算好了一切，往往错失良机。他不仅没能在气势上占上风，反而表现得像一个极不成熟的棋手。

　　卡斯帕罗夫赛后自己说，比赛时我没有使用我常用的开局，而是使用怪招，这是一个错误。赛前，一些计算机专家曾劝我，同计算机下棋就得用怪招。现在我明白了还是应该用象棋理论证验过的强有力的招法，它们才是最有力的。卡乐波夫则说，卡斯帕罗夫是因为胆怯才开始琢磨怪招，这是他失利的主要原因。

卡斯帕罗夫对计算机的感情，可以说是爱恨交加，在比赛的前后，卡斯帕罗夫经常流露出自己的这种矛盾心情。

卡斯帕罗夫能够成为象棋界的顶尖高手，在很大程度上要得益于他的电脑训练，他越来越离不开计算机了。"很多职业棋手都用计算机进行分析，我也不例外。""我对用计算机检验自己的创造力非常感兴趣，它的计算是可靠的。"每走一步，电脑就可以帮他分析出这步棋的棋力，而不必等到比赛结束。"它只需10分钟就可以做完几年前我要花5小时的事。"卡斯帕罗夫说。

被打败后的卡斯帕罗夫毫不掩饰自己对计算机的喜爱："如果象棋大师能配备'深蓝'计算机这样一个助手，那么大师的棋力就会增强数十倍，几百倍"，他说。

卡斯帕罗夫也对把计算机"串"在一起的国际互联网大加赞赏："国际象棋的特性与网络的功能配合得天衣无缝，错过这样的机会是不可原谅的。"卡斯帕罗夫在国际互联网上建立了自己的网址，取名为卡斯帕罗夫俱乐部，为人们提供象棋指导，发布象棋新闻，并提供与棋手对话的机会。

但是被计算机击败的感觉却让他不舒服。赛前他曾说过，他要战胜计算机，以捍卫人的尊严。他甚至说，要到2010年科技的必然进程。

电脑刚问世不久，就同时也成了棋手，50年代，美国人汤普森研制出第一位电脑棋手。国际象棋在西方有"王者之弈"的雅号，随后，电脑专家纷纷以棋消遣。1985年，卡斯帕罗夫首次夺得世界棋王称号，"六人小组"中的许峰雄、坎贝尔当时就瞄上了他。1988年，他们研制的"深思"，战胜了美国一位特级大师；次年，"深思"获得了世界电脑象棋赛冠军；IBM公司将其买下，更名"深蓝"，并为其定下了打败世界冠军的远大抱负。国际象棋自有棋谱记录，始于1619年，至今已达数百万局，这些均被"深蓝"咀嚼过。"六人小组"中，有一位本杰明，美国冠军，现为美国国际象棋协会主席，年龄与叶江川相当。他协助"深蓝"母女研究了卡斯帕罗夫的数千盘对局，制定对策。据"电脑之父"汤普森计算，"更深蓝"要想战胜卡斯帕罗夫，每秒的运算必须达到10亿次，而这正是目前的一种愿望。不管怎样，"更深蓝"在力所能及范围内，把卡氏已经吃透了无数遍。

卡斯帕罗夫于1999年初，向世界公众提出，他要进行一场史无前例的比赛，他一人要同全世界对抗。就是要通过因特网进行比赛。6月，微软公司网站主持这场比赛。向这位卡斯帕罗夫挑战的是一位15岁女学生克鲁什，这位小姑娘在14岁时就成为美国历史上最年轻的冠军。克鲁什的高超棋艺——还有为每一步棋出谋划策的其他300万参与者的棋艺使卡斯帕罗夫大为震惊。这场比赛将要持续数个月左右，每一着棋有24小时考虑时间至9月止已持续3个多月。从网上可以看到双方棋子已所剩无几。卡斯帕罗夫在新闻发布会上说："这是我进行过的最刺激的一场比赛，同时也是最困难的比赛之一。"

1999年10月22日，世界象棋冠军卡斯帕罗夫在与全世界棋迷网上对抗赛中取胜。下到第62步时，世界棋迷方51%的队员投票决定认输。这场长达4个月的激烈比赛到此结束。

始于6月21日的卡斯帕罗夫对全世界网上象棋对抗赛将世界各种水平的棋手联合起来，共同对付当今的国际象棋冠军。世界才用民主的方式确定本方的应着。在比赛中，世界方有5万人参加了投票表决，因此它是国际象棋比赛史上规模最大的赛事之一。

当代美国的全民运动

在美国 19 世纪初时兴槌球运动，20 世纪 50 年代又盛行棒球运动堪称美国国球，直到 80 年代美国又风行美式橄榄球，被民众称为美国第一运动。

每到周末，只要打开电视机，立刻就能看到戴盔披甲的运动员在激烈争夺的场面，这就是当今美国民众最为喜爱的被称为美国第一运动的美式橄榄球。

橄榄球起源于英国，原名拉格比足球。因其球形似橄榄，故中国称之为橄榄球。拉格比本是英国中部的一座城市，据说 1832 年在该城一次学校之间的足球赛中，一个学生因踢球失误感到十分惋惜，竟然不顾一切抱球奔跑。以后，抱球跑的情况频频发生，这虽是犯规动作，却给人以新的启示，久而久之渐被人们所接受，于是一项具有很高锻炼价值的新运动项目——橄榄球，从足球运动中派生出来。美式橄榄球是从英式橄榄球发展而来，19 世纪中期，美国哈佛大学和耶鲁大学最先开展了这项运动。由于美式橄榄球最初只许用脚踢，所以取名美式足球（American football），并沿用至今。19 世纪末，这项运动在美国各地均有发展，并对比赛规则进行了改革。随着职业队的出现和职业联盟的成立，美式橄榄球很快便风靡美国各地。

美式橄榄球比赛场地长 360 英尺，宽 160 英尺。一场比赛的实际时间 60 分钟，分 4 节进行，每半场比赛内（2 节）各队可叫暂停 3 次。实际上，由于间歇、队员受伤、判罚、裁判员测量持球方推进的距离等所占用的时间，每场比赛往往长达 3 小时。美式橄榄球的比赛方式很奇特，开球时先由守方在自己半场的35码线把球踢向对方的半场，攻方队员接球后，便立即持球或互相传递向前跑动进攻，而守方则想方设法把持球的进攻队员推、拉、撞倒，从而造成死球。或者采用其它办法截住进攻队员之间传球，一旦截球成功，守方立刻反攻。如果攻方在4次进攻中，推进距离累计达到10码，便保持进攻权，可再获得4次进攻机会，否则就失去进攻权。进攻队员攻入对方端区并持球触地即得6分，然后由攻方在距球门6英尺处加踢一次定位球，如射中目标再加1分。在比赛进行中抛球踢或踢任意球直接射进球门得3分。守方将攻方持球队员"逼死"在攻方端区内，则判守方安全得2分，如守方在自己端区内严重犯规，则判攻方安全得2分。

每支球队只允许11人上阵，但却要组织攻防两套阵容轮番使用，再加上专门负责踢定位球的和预备队员，每队仅运动员就多达50余人。另外，每队最少有3位教练，主教练统率全军，另外两位教练分别负责进攻和防守。他们头戴耳机，手执麦克风，和球场四周的观察哨随时保持联络。观察哨如窥准对方阵形有破绽，立刻通知教练，教练斟酌后，把新的对策通知专门负责用手势告诉场内球员变换阵形的人员，因而，一支像样的球队上上下下大约有200人之众。

美式橄榄球比赛有一套复杂的规则和变化多端的攻防战术。由于规则允许双方队员使用推、拉、抱等动作（不得使用打、踢、绊），因而在比赛中粗野动作随时可见，有时甚至十几人跌滚成一团，整个比赛显得十分紧张激烈。为防止受伤，运动员个个身披重甲，全副武装。尽管防止侵入的规则多达60条，而且有6名裁判临场执法，但粗暴行为、严重受伤等事故仍时有发生。美式橄榄球比赛激烈、残酷，但职业选手的收入相当可观，一般球员的年薪是十几万、几十万美元，超级球星则多达上百万美元。因此，尽管在比赛中有因冲撞过猛而造成重伤，甚至终生残废的危险，但仍有许多年轻人放弃其他体育项目而从事橄榄球运动，以求能够挤进职业队赚大钱。

每当有重大比赛时，人们便从四面八方甚至几百里以外驱车拥来。许多观众穿上明显支持某一队的服装，或挥舞同颜色的花束表明他们的立场。观众中有年过7旬的老人，也有文质彬彬的教授，更有袒胸露背、狂放不羁的年轻人。最热闹的要数啦啦队，他们大多由头戴各种面具的小伙子和穿着时髦连衣裙的姑娘们组成，载歌载舞动作整齐。每当比赛到了关键时刻，看台上便鼓号齐鸣，观众大呼小叫，使劲为自己倾向的队呐喊助威。为防止发生意外，每场比赛也少不了腰挎手枪、警棍，手拿步话机的众多警察。

每年一月的第四个星期天已成为全美的一个非正式节日，这一天是全美两大职业橄榄球联合会冠军队决战的日子。赛前，几乎美国的所有新闻机器全部开动，甚至请总统预测比赛结果，以渲染气氛。比赛时只有十几万"超级球迷"有幸在现场目睹决战，而全美国有一半人通过电视收看实况转播，收看人数超过3亿。我国中央电视台也播放过比赛的录像，使中国观众对大洋彼岸这种球类运动有所了解。

现在，风靡美国的橄榄球运动已受到越来越多的人们喜爱，大有走向全球之势；正像一位风趣的美国记者说的那样：球王贝利和足球皇帝肯鲍尔一直在努力使足球进入美国，然而却收效甚微。相反，美式橄榄球却进入西欧、日本、加拿大……也许再过50年，美式橄榄球会悄悄地渗透整个世界。

橄榄球赛，对于美国人来说，并不只是球赛而已，它深深地与社区的团体和当地人的生活方式结为一体。每年春季的棒球赛和秋季的足球赛，都是他们全体出动的大节日。

球季开始的首场比赛，节目从中午开始。当天中午，美国人已全家出动，先把汽车或卡车驶进学校草场里特设的停车位上，然后就在汽车旁摊开烧烤炉和用具，摆开存放着热狗及冷冻肉的小冰箱，就可以生火烧烤了。有的人索性架起躺椅，戴上太阳眼镜，开一瓶啤酒，开始了一天的野餐会；同时也"培养情绪"以配合晚上的球赛庆典。

他们几乎每个人都穿上大学的鲜红色球衣、任何类似的红色T恤或裤子，远看红点处处。在懒洋洋的阳光下看书、喝啤酒、烧烤以及和两三好友谈天说地；不然就闭目养神，睡个懒觉。时而有两三孩童奔跑嬉闹着，好一幅令人羡慕的生活风隋画。

虽说球赛在晚上8点才开始，但从下午6时许，人潮就开始拥进来了。他们成群结队，携儿带女，带许多干粮如炸薯片、花生、巧克力等，有许多人还带上毯子。毯子的功用是可以随时铺在地上，也可以随着深夜温度骤降时盖着身体御寒。早几年，足球馆的观众席还没有铺上水泥时，是一片青绿草地，人们就这么躺在草地上，看着天上的星星，享受秋夜的凉风，就算不看球赛，也已是人生一大乐事。

球馆里有一条规矩，就是任何人都不准带啤酒或任何酒精的饮料入场。但是为满足人们的需求，或更恰当地说为了赚钱，球馆内的贩卖部都售卖啤酒。

橄榄球运动是上亿美元的大事业。大学校队的橄榄球教练的薪水比校长还要高，年薪超过百万美元的，也是很平常的事。

而大学里的橄榄球运动员，多是黑人，都拿优厚的奖学金。他们不愁钱用，只要拼命打球就行了；但在学业上，他们却未必有优待，要毕业，还是得像别人那样修完所有的课程，所以他们往往要比别人多念几年才能毕业。不过，这也并不表示他们的日子容易混，每天的集训都是很苦的，普通人一天也受不了。

成为橄榄球明星，几乎是每个美国小男生的梦想。尽管在别的方面，白人未必愿意和黑人相提并论，但在运动竞技场上，白人却愿以黑人杰出的表现而引以为荣。只有在这当儿，美国白人和黑人是万众一心、合二为一的。美国精神正体现在这里。

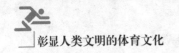

藏匿神殿之下污点

1998年末在国际奥委会突然就美国盐湖城申办发表调查报告，报告中说："涉嫌丑闻的国际奥委会委员还不只是已经被公开的13个，可能多达16人，这些委员在盐湖城申办2002年冬奥会期间和获得举办权的几年里，共接受礼品和现金高达78万美元"。

接着在扩大调查揭丑中，澳大利亚悉尼市在申办2000年奥运会主办权向两名非洲委员行贿买选票，每人行贿3.5万美元，致使申办失利的丑闻又向世界曝光。世界体坛激起轩然大波。现在世界都看清楚了，作为神圣的"神殿"奥林匹克委员会已经染上同一种金钱本色。

由于奥运会同商业化的结合，金钱成为一种挡不住的诱惑，甚至国际奥委会的这些"众神"们，也不敢自称"廉政"。国际奥委会早已意识到三重身份的委员（超越国家法律约束、代表某一特定国家、独立的个体）和他们以肉体之躯承载奥林匹克"神圣"的这一复杂关系，可能导致危险，这种危险性事实上在80年代就已经暴露出来了。

国际奥委会总干事卡洛德说：送礼之风在1986年洛桑国际奥委会议期间最盛。当时决定1992年巴塞罗那是第25届奥运会举办地。巴城那次花了1400万美元，而同时申办的伯明翰城竟花了百万英镑，当时他们本以为能得12票，但第二轮就落选了，只有8票。一位英国奥委会委员恼怒地说："这些人白吃了我的啦！"

1992年，国际奥委会认识到问题的严重性。开始进行廉政建设，制定了廉政措施8条，但从这8条措施上看不出操作上有多少严密性和可靠性。由于奥运会商业化的总趋势，决定了奥林匹亚神殿上的"廉政"工程难度很大。

　　赫尔米克是美国奥委会主席、国际奥委会执委，因收取贿赂，自动辞去了国际奥委会执委和美国奥委会主席之职，从而开创了世界奥运史上一个耻辱的先例。

　　赫尔米克现年66岁，15年前走马上任，担任美国国奥会主席，并于1985年当选国际奥委会委员，1989年，成为执委。正是他，闯过了激烈竞争，为亚特兰大赢得举办现代奥运会百年庆典的权利。然而，他的私人法律事务所，却给他惹上了麻烦。1992年9月6日，美国报刊《今日美国》披露赫尔米克，违反有关回避利益冲突原则，在与奥林匹克运动有关的活动中，通过其私人法律事务所从事秘密交易，总收入高达1.27万美元。消息一出，在美国引起震动，人们纷纷指责赫尔米克，亵渎了奥林匹克的神圣原则。经调查证实，赫尔米克从美国奥委会与商业往来的客户手中，收取代理费、咨询费达30万美元。

　　从以上事实可以看出，盐湖城丑闻绝不是第一次，也不是唯一一次。国际奥委会表示要扩大调查，彻底清除腐败，对申办奥运会改变挑选程序，禁止奥委会委员实地考察，由一个小组而不是全体委员决定主办城市。这些改革和防腐败措施是否有效，世界正拭目以待。如果找不到有效办法，那么奥林匹亚神山，有朝一日会成为肮脏的奥吉平牛圈也是不足为怪的。

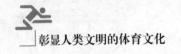

凝固的体育世界

　　根据亚奥理事会章程规定，第11届亚运会组委会在北京亚运会期间举办了大型体育艺术展览，获得极大成功。

　　体育与美的结合，不仅是古代奥林匹克的传统，同时也是现代奥林匹克一直追求的理想和基本原则之一。这次展览包括4个部分，即中国体育美术展、亚洲地区少年儿童体育绘画展、中国体育摄影展、亚洲地区体育图片展。展览规模之大、内容之丰富、艺术水平之高可以说是世界体育史上空前壮举。

　　中国体育美术展览是继1985年之后的第二次展览。展览作品无论在数量和质量上都有很大提高。作品不是单纯表现某一运动项目的动感，而是有了深化，有了人类意识的体现，作品更能恰当地表现体育与民族、体育与自然、体育与人类文明的关系。展览有各种运动项目及民间民族体育，还有各类古代体育；既有为优胜者塑造的形象，又有不屈不挠的失败者和默默无闻的奋斗者；有表现运动场上激烈竞争、奋力较量的振奋之作，也有反映运动员不同生活侧面，充满情趣的作品。

　　从表现形式来看，有传统的中国画、有外来的西洋画、有绚丽多彩的宣传画、有风格各异的版画、漆画等。特别是雕塑，雕塑家通过雕塑语言，运用不同的形、体、量、材，创造出了一个凝固而丰富的世界。

　　在表现方法上，有写实的、有抽象的、有粗犷雄浑的大写意，也有细致入微的工笔画，可谓五光十色，百花齐放。

　　如果说，体育运动充分显示了人类本质力量，那么表现和反映这种本质力量最生动、最直接的莫过于体育雕塑。

雕塑《崛起》，这组挺拔而强悍的人体躯干，顶天立地，巍然屹立，象征着中国和亚洲人的崛起。既表现了人类战胜自然的大无畏气概，又揭示了战无不胜的登攀精神。将人类的骄傲置于地球之巅。

雕塑《超越》生动反映了人类不断超越自然，超越自我的历史，表现了奥林匹克"更高、更快、更强"的格言。

国画《竞技图》是气势磅礴、力拔山河的威武雄壮之作。充满了古雅之情。两军对峙，纹枰对弈，有的从容自若，有的苦思冥想，画面上几十个人物神态各异，表情不一。特别是悠悠琴声，神韵十足，意境深远，趣味无穷。

国画《醉酒戏高俅》题材来源于《水浒传》，一个醉字，活脱脱地表现出几十个好汉的情态，似醉非醉，似醒非醒，不迷不狂，不即不离，形在画中，意在画外。

国际奥委会主席萨马兰奇在展览前贺词中说：

《中国体育美术展览》在追求体育和艺术和谐统一方面是一个值得钦佩的例子。他两次参观展览，他特别对反映残疾人参加体育活动的作品备加赞赏。在他观看《升腾》后说：这幅现代派作品，画在中国特产真丝上，美极了！

在谈到对这次展览的观感时萨翁说："这届体育艺术展，不论从设计到作品本身都十分精美。它是我看到的大型综合运动会上举办艺术展览中最好的一次。"

萨马兰奇酷爱艺术，他从500多件艺术品中选购了26件，带回去作为他个人的艺术藏品。

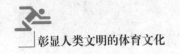

宇宙体育异军突起

1969年7月美国"阿波罗11号"登上月球,在人类宇航史上写下了光辉的一页,也在世界体育史上写上具有划时代意义的一页。登上月球的太空人:阿伦·谢菲尔德(Alan Shepherd)当时,他在月球上紧握高尔夫球杆,挥出了第一杆,但由于身体未调整好,第一杆没打准,将球打到15码外的一个坑里。但是在击第二杆时他大吃一惊,由于月球上引力只有地球上的1/6,因此这一杆竟将球打出600码远。多么惊人的数字。其实,从1961年4月12日苏联著名宇航员加加林乘坐"东方一号"飞船起,宇宙体育就已经悄然兴起。

美国航天飞机第17次飞行中,美籍华人王赣骏博士凌云直上,成为第一个进入太空的华人。王赣骏说:"由于远离地球(约400公里),飞行速度达到每秒8公里。地心引力消失,身体突然变得轻飘飘的,感到身轻如燕,走路不用脚,用手轻轻一碰四周的物体,人就飞走了,只要一个指头就可以倒立,如果原地旋转,会一下子转很久……。有一天,当航天飞机从中国西南方向领空飞人时,我开始跑步,从东北方向飞出领空时我跑步停止,计算一下,只用了7分钟,看来我是赛跑冠军了,我童年时代看武侠小说,渴望像侠客剑仙那样飞檐走壁,腾云驾雾,今天已经实现了……"

从王博士的亲身经历中,我们可知飞向"天堂"是一件多么诱人有趣的事,但同时也可知道,航天飞行是在特殊环境——失重、真空、低温、高速、过载条件下工作和生活,要求宇航员具有适应这种环境的身体素质。王赣骏博士身高1.80米,体重87.5千克,从小注意体育锻炼,生活有规律，不抽烟、微量饮酒，身体各部机能良好。经过两年多训练，他在数百名科学家竞争对手的激烈竞争中被选中。去天堂遨游是美事，但身体素质条件必须好，而且必须接受严格训练，特别是要接受极其严格的宇宙体育训练。否则是很难"腾云驾雾"的。

未来21世纪，人类将开辟宇宙社会。有位科学家预言：在2060年以前，人类将有万人以上的人迁居到地球以外的星体上。这样人类将面临着培训和训练飞向天堂的能力的问题。宇宙体育正是在这种新形势下产生的，它不仅要培训训练宇航员，而且也担负着人类飞向宇宙社会的历史使命。宇宙体育学将作为一个新兴的体育新学科，令世人瞩目。

原苏联对宇宙飞行对人体产生的影响及其与体育锻炼的关系进行了一系列研究。谢瓦斯季扬诺夫是位两次进入空间站、共度过63昼夜的宇宙飞船工程师，他认为：目前从任何意义上说，宇宙航行都还是"健康人的特权"。宇宙航行员从当初到后来都积极参加体育运动，这并不是偶然的巧合。例如在苏联宇航员中有全苏击剑冠军、拳击冠军，有优秀的足球、举重、体操运动员。加加林就是个出色的篮球、排球运动员。

宇宙飞行员进入轨道前要经受很大负荷，确切说，就是要适应超重现象对身体的考验。人体体重可猛增至数倍到10倍，这时宇航员的眼皮都要用很大力量才能睁开。

宇航员进入空间轨道之后，脱离了地球引力，立即产生失重现象。宇航员在走动时不需要消耗肌力，这就影响血液循环。同时由于血液失重，血液循环量减少，心肌工作减弱，导致心血管系统负荷不足，结果各个生理系统调节都发生变化。同时，失重时人体骨骼产生明显影响，骨头里的钾盐、磷盐排出，产生骨质疏松。脊椎骨间隔在失重情况下有所胀大，身材高3厘米左右。心脏也易发生心脏容量减少的情况。因此太空航行对人的心血管系统功能要求高，心脏要强而有力，负重后恢复快，耐久力强。为此，宇航员在准备阶段中必须进行严格的体力训练。有人统计，"阿波罗号"宇航员阿列克塞,在一年宇宙体育训练中骑自行车1000公里,滑雪3000公里,越野跑200余公里。

即便在飞行中,宇航员也必须坚持每天两小时运动锻炼。在轨道站有微型运动场:早晨宇航员可以在跑道上跑步,这是一条电动机驱的带子,不停地转动,宇航员需要穿上特制运动服,用橡皮缓冲器把自己绑在跑步机上,以免脚一用力,身体就飞了。一按电钮,无尽头的带子转动起来,跑步便开始。晚餐前可以利用自行车计时器锻炼,它如一辆自行车,宇航员骑上,踏动脚踏子,并且利用分级制力专门机械来调节肌肉负荷,从非常微小的负荷到大负荷量,这样直骑到满头大汗为止,在失重条件下,汗并不往下淌,而是全身泌出汗珠来,有的汗球离开身体在周围的空中"飘"着。当然宇宙体育运动是在昼夜不息的医务监督下进行的,借助于专门的传感器收集全部信息,传递给地球上的专家和医生。

21世纪对飞往太空的旅客要进行三类身体训练:一是失重训练,二是过载训练,三是镇静训练。失重训练可在地面旋转椅和旋转臂上进行,载重训练可在旋转臂上进行,每次要求连载三个g(g=980厘米/秒2),镇静训练也就是适应性训练,即在固定狭小的实验室里生活和工作,克服孤独感和烦躁不安。

全民"皆兵备战"的瑞典

有北欧花园之称的瑞典确实名不虚传。在这个45万平方公里的国度,森林绿地覆盖了全国,无论你走到哪里,都很难找见光秃秃的不毛之地。然而,瑞典,最使人惊奇的并不是它的美丽,而是它极为普及的大众体育活动。

说到体育，瑞典并没有竞技强国的那种辉煌。除了冰雪项目、网球及乒乓球之外，几乎就没有能在国际大赛上夺金摘银的运动队。不过，缺少奥运会金牌并不说明这个国家在体育方面的落后。其实，竞争性或商业性体育与大众体育完全是两回事。瑞典人确实喜欢体育。你不必专门去考察，只需四处走走，所见所闻就足以证明其大众体育之发达与普及。

　　给人印象最深的大概要属瑞典的体育场所。在瑞典首都斯德哥尔摩，见不到富丽堂皇的体育馆或气势宏伟的体育中心。然而，向大众开放的体育场所却随处可见。无论是老人、幼童，还是青年都有自己的体育活动场所。在每一个住宅小区都配有体育设施，冰球场、足球场、篮球场以及练习馆，一应俱全，而且是免费开放，还有专人管理。

　　宿舍区一般都有一个小足球场、篮球场，还有一个体操房。体操房每周5晚上供学生使用，到时候去玩儿就可以了。说是体操房，其实是一个综合性场所，可以进行体操、柔道、乒乓球等多项活动。室内摆放着两张球台，是国际比赛使用的那种台子。到了周5晚上运动者按水平高低自动分成两伙，各占一张球台，真刀真枪地干了起来。出了一身透汗之后，可以在附设的蒸汽浴室免费洗个桑那浴。回到宿舍，躺在床上感觉舒服极了，一周的疲劳顿时消失得无影无踪。看来，瑞典人很懂得体育与工作的关系。

　　除了免费场所之外，还有许多收费场所。如网球馆、网球场、羽毛球馆、游泳馆等等。也许因为瑞典是个福利国家，这些收费场馆收费很低，完全是向大众开放，几乎人人都可享受。比如游泳馆，游一次（两小时）只收10到20克朗（相当于10—20元人民币）如果买一张年票那就更合算了，只需4百克朗。这在瑞典只相当于一张公共汽车月票的价钱，最穷的人也可以买得起。再如羽毛球馆，一块场地一小时大约要付30克朗。如果是打双打，四个人玩上两个小时每人只需付15克朗。在这个以高消费著称的国家，体育场所的收费却比中国还低，可见其体育战略完全是着眼于民

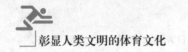

众身体素质的提高而不是以金牌为目标。

有了充足的场地，自然不会让它闲着。每逢周末，最热闹的地方不是商业中心或娱乐中心，而是有体育活动的地方。尤其是在5月份，更是热闹非凡。瑞典人喜欢体育活动近乎成了一种习惯，一到周末，全家倾巢而出，到户外进行各自喜爱的体育活动。有骑马的，骑自行车的，跑步的，钓鱼的，玩摩托艇的，真是八仙过海，各显其能。在瑞典钓鱼确实别有一番情趣，尤其是用空钩钓鱼（不用鱼饵）更是乐趣非凡。不过。更让人难忘的却是另一番景色：在湖畔的绿地和球场上，简直是在进行一场大型综合运动会，有打网球的、打垒球的（与正规垒球比赛略有不同）、踢足球的，还有许多年轻人进行一种半似冰球半似曲棍球的陆地比赛。它在瑞典很普及。当然，最多的还是晒日光浴的。球赛的场面吸引人仔细观赏他们的表演。就水平而言，说实话实在令人不敢恭维。大部分人的水平比业余还业余，不过他们似乎玩得津津有味，自得其乐。

瑞典人的体育观念中锦标色彩并不浓厚，更多的是参与、沟通和锻炼意识。一位中国人同瑞典人一起打乒乓球，顺便提到了瓦尔德内尔。原本以为这位集欧洲冠军、世界冠军和奥运冠军于一身的天才必然会使他们引以为荣，谁知他们的回答却是那么轻描淡写，甚至还带一些鄙视："这位冠军只会打球，其智商大概只相当于10岁左右的孩童。"不知他们怎么会得出这样的评价。不过可以从中理解到，冠军并非一定是英雄，体育不是金牌，应该是人人可以分享的文化活动。在打球时还发现，瑞典人不喜欢记分，喜欢打练习球，这样回合多一些，更有意思。一提到记分比赛，他们说你们中国人发球太刁，一局球打不了几下就完了，没意思。看来瑞典人"玩心"重于"胜心"。

在其他体育交流中，瑞典人对输赢看得并不很重。瑞典有一批围棋迷，他们对东方文化这块瑰宝具有令人意想不到的兴趣。与各路高手（从业余初段到三段）谈数局，无一败绩。他们虽然棋力并不很强，但是棋品却很令人钦佩，颇有些"胜固欣然，败亦可喜"的风范。棋输了之后，看不到他们有什么懊丧之情，而是认真地讨教，研究得失之处。在他们看来，能与比自己棋力强的人下一局，这本身就是极大的乐趣。有一位棋迷甚至驱车几百公里找人下棋，连败几局之后，反倒高兴地说他输的痛快，赢的漂亮。人们都说北欧人冷漠孤独，可下起围棋来却是另一模样。也许围棋或者说体育的魅力就在于能够消除冷漠，让人们彼此沟通，其乐融融。

体育在瑞典已不再是单纯的体育，而成为了一种大众文化。它的意义不是锦标和金钱，因为那只属于少数顶尖高手。体育的意义在于自娱、参与、沟通和强身，它属于大众，这才是真正的体育。它没有残酷和阴暗，给人们带来的是快乐和健康，难怪在瑞典人人都有各自的体育爱好。

瑞典的冬季漫长而寒冷，滑雪是这里最深受欢迎的项目。早有"滑雪王国"之美称。在白雪皑皑的时节，到处可见身穿五颜六色滑雪衣的人群。他们踩着滑雪板，或从山上滑下，或穿行于森林中雪道上。他们当中有年过7旬的老人，也有三四岁的孩子。瑞典还为孩子们开办滑雪学校。招收5—10岁儿童入学，一些小"滑雪能手"能在雪地上自如滑行20—30公里。也正因为瑞典滑雪运动十分普及，所以出现了一大批像英格马尔这样优秀滑雪运动员。瑞典每年1—4月份，都组织上百次滑雪旅行，距离长短不一。人们可以自由选择报名参加。滑雪旅行对每个人都是一次严峻的考验。人们背上行囊，带上食物和睡袋，远离繁华城市，在野外扎营，体味回归自然的温馨，真是其乐无穷。

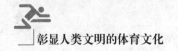

欧亚大陆雄起的俄罗斯

苏联刚刚解体时，俄罗斯的整个经济和体育管理体制处于崩溃的边缘，运动水平大幅度下降。当时不少人对俄罗斯的高水平竞技运动还能持续多久，能否保住体育竞技强国地位产生怀疑。4年后，俄罗斯独立组队参加亚特兰大奥运会，这支受到经济拮据，运动员外流、管理体制不稳定等因素困扰的体育大军，一开始就引起全世界的广泛关注。最终在亚特兰大奥运会上，俄罗斯队以26枚金牌，21枚银牌，16枚铜牌和奥运会团体第二名身份载誉而归。

俄罗斯共派出409名运动员，参加了除足球、曲棍球、棒球、垒球、马球以外的21个大项的比赛。参赛人数之多，是俄罗斯奥运史上前所未有的，人数超出前两届奥运会参加人数的50%—66%。

俄罗斯队所获26枚金牌分布在9个大项。此外还有150多人在20个大项中进入了前8名。它不仅说明了俄罗斯在金牌总数上比4年前有显著提高（单独计算，上届金牌17枚、银牌16枚、铜牌9枚），而且实力分布很广泛。充分反映了俄罗斯90年代的体育竞技水平是强的，实力是雄厚的。

俄罗斯队在田径、游泳、摔跤、体操、举重5个项目的实力，尽管比苏联时期有所削弱，但仍处于世界前列。在这5项中共夺得17枚金牌、14枚银牌、9枚铜牌。

俄罗斯历来射击是强项，亚特兰大奥运会，俄罗斯射击先声夺人，一举捧走3金2银1铜。

击剑，战胜古巴强手，特别是男团花剑，实现了7年以来夺冠梦。在一篇评论中指出：亚特兰大的胜利是包括苏联时期在内的前所未有的胜利，它标志着俄罗斯击剑运动的复兴。

俄罗斯男女体操队，更是世界具有霸主地位的队伍。长期以来，在世界各种大赛上都获得好成绩。俄罗斯体操后备力量雄厚、人才济济。体操王子谢尔博创造1人独得6枚金牌奇迹。

俄罗斯人在亚特兰大以自己的实力证明，俄罗斯在世界体坛上站稳了脚跟。它说明俄罗斯的高水平竞技运动由国家包办向职业化、社会化转轨已初见成效。

俄罗斯独立组队参赛，运动员数量明显增加，为各项运动的竞争和策略运用提供了机遇。

早在备战之初，俄罗斯备战领导小组就决定打破平均主义，把有限的财力、物力侧重于田径、游泳、摔跤、举重和体操5个项目上，经费集中重点小项和优秀运动员，实际结果证明，这种策略是正确的。

严格选拔，把真正有实力取得奖牌和得分的运动员选入奥运代表队，坚决拒绝"局外人"、"旅游人"，这样做充分调动了入选运动员的积极性，激发了拼搏精神。同时也贯彻了宁缺毋滥的原则，原计划选拔500名，而实际上只挑选409人。亚特兰大奥运会俄罗斯运动员进入前8名的就有245人，占参赛人数60%以上，这一比例即使前苏联时代也是罕见的。

加强体育科学研究，教练员同科研人员密切配合，提高了运动训练科学化水平，这也是俄罗斯竞技体育强国的基本经验。如男子花剑针对主要对手古巴队员特点，进行了近一年模拟训练，就收到了较好效果。1995年俄罗斯联邦政府命令要全面帮助开展奥林匹克运动作为国家的优先任务，各行各业鼎力相助，这也是俄罗斯竞技体育得以发展的重要原因。

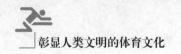

白金汉宫与樱花下的体育生活

英国女王伊丽莎白二世及其皇室情趣各异,然而在体育方面却有共同爱好。日本天皇及其子女,也各有广泛的业余爱好,但是同样热爱体育。通过英、日皇家体育活动可以在一定程度上反映出当今社会体育在现代人生活中的不可替代的重要地位。

英国女王从孩提起,就喜欢骑马,经常参加在英国举行的各类赛马比赛,如国际赛马比赛、皇家温莎赛马会等。尽管公务繁忙,但只要有可能,她便骑马外出巡视,她还准时参加在伦敦西区波克谢县城举办的赛马周活动。

女皇喜爱"帝王们体育"——赛马,不仅喜爱赛马的惊险,而且还对养马津津乐道兴趣极浓。经过数年努力,她成了公认饲养纯马能手,培育出许多"旗开得胜"的大雄马。包括著名的欧里奥种马,后来此马繁殖的"常胜将军"爱尔兰的欧克斯马和英格兰北部圣·蕾洁马,都是世界上第一流跑马。女王曾培育了一匹名叫都伯兰特的矮种马,本想供丈夫爱丁堡公爵打马球用,但因长得略高大,不适宜打马球,谁知无心插柳柳成荫,女王的女儿安妮公主却用都伯兰特参赛而一举赢得1971年欧洲赛预选赛冠军。

女王的丈夫爱丁堡公爵多年来一直喜欢打马球,他是英国12名最佳马球手之一。在过去的数年中,英国公众已领略了公爵打球的风姿和娴熟技巧,但是几年前公爵却放弃了马球运动,开始从事一项新型体育项目——双手驾驭四匹赛马。这是一项激动人心而又冒险的运动。公爵放弃马球爱上驾车,因为他有现成马匹、马车、车夫、侍从官,选择这一项运动也是自然的。

和许多体育爱好者一样，爱丁堡公爵自中学时代就热爱赛船运动，并将此兴趣保持至今。他从未错过一年一度在英国南部魏特小岛附近举行的考维茨赛船竞赛，他用熟练的技术参加角逐，公爵拥有的最著名的赛船是"飞跃15"考维茨力浦号和"龙型船"蓝瓶号。他还把孩子们带到考维茨，让他们领略赛船比赛的欢乐和风险。假日里，孩子们则登上他的游艇观赏苏格兰海岸的旖旎风光。

公爵年轻时爱好板球，曾担任过马里木板球俱乐部主席。该俱乐部是英国最著名的板球组织。

查尔斯王子和其父母一样酷爱体育，只要公务允许他总是利用一切机会参加国内马球赛。他的马球场是温莎附近的草场，他是苏格兰青年队队长。1972年首次参加国际比赛。他在数年的马球生涯中，经历过痛苦的磨炼。

1967年8月他第一次参加明星赛就跌下马，但没有受重伤，继续为温莎堡大公园队拼搏并得分。几年后，他第一次在训练中被球击中，下颏处缝了7针，然而他在举行婚礼前4天，依然挂帅驰骋赛场，以致有人对此深表忧虑，幸亏没有发生什么意外。

查尔斯王子，在技巧性和艺术性融为一体的滑水运动兴起时，他又迷上了滑水运动。

女王的女儿安妮公主更是以精湛的骑术闻名国内外，尤其在骑马越障碍这个项目比赛引人注目。1964年她就参加了矮种马俱乐部赛会的比赛。1971年在英国东部的波莉城举办的赛会上，她赢得了欧洲冠军称号。这是世界上最艰巨的比赛之一，障碍物是按照奥运会的标准设置的。这次成功使她有资格代表英国参加1972年慕尼黑举行的奥运会。1971年，她就被选为英国最佳女运动员。现在她已享受到一个职业赛马骑士的乐趣和待遇。

女王的次子安德鲁王子从事多种体育运动，其中有田径、橄榄球、足球和赛船等等，他还是一位滑雪爱好者，他的妻子对此有共同雅趣。

女王的小儿子爱德华王子，每年的滑雪季节，隔两周参加一次滑雪，并喜爱帆板、冲浪运动。

就是王太后，虽然年老，但是个经验丰富的钓鱼能手。此外，她还打一手好台球，一般年轻人还不是她的对手。

从以上所述可以看出英国皇家王室是一个热爱体育之家，既有参加奥运会的竞技高手，又有众多的体育爱好者。这在世界大众体育史上也可称为是个突出的范例。

除了英国皇家，还有日本皇家也有热爱体育的传统。1946年元旦，日本天皇裕仁亲自发表了"人间宣言"，宣传自己"是人不是神"。从此天皇夫妇经常在国内视察。在开展"皇室外交"方面，基本上由明仁代行。明仁是裕仁的长子，1933年生，1952年被立为太子。他经常出访国外，他是一个爱好网球、跑步等多项运动的积极分子，在皇家每周总要定时打球、跑步，即使是出国访问也不忘运动锻炼，经常参加球类比赛。一次出访美国，还同美国首脑人物打网球，他的网球技术娴熟，比赛中沉着冷静，往往在比赛中越战越勇，多次取得最后胜利。

明仁的长子浩宫德仁，出生于1960年2月23日，按皇室典范被立为皇太子。他在大学专攻日本中世纪交通史，1983年留学天津大学并进入研究生院，后修完硕士课程。在学习期间就热爱体育，特别是酷爱旅游。他曾旅游过澳大利亚、比利时、西班牙、法国、意大利等12国。1985年，从英国回国后一次公开谈及婚姻大事时，明确表示择偶不拘身高、学历、家庭，但必须"喜欢体育、理解音乐"、"懂一定程度外语"，可见他对体育看得多么重要。

德仁与雅子在初夏时节结婚，日本列岛沉浸在庆祝皇太子结婚的欢快气氛中，全国上下形成一股"雅子热"。雅子是学法律的外交官，她从学生时起就经常从事体操、舞蹈等多种运动，体育给了她一个优美的身材和健壮的体魄。

走出。为了纪念已故的阿根廷盲人作家，他们还设计一座奇特迷津，内部通道拐弯处全有盲文标记。他们所设计的迷津都别具一格，堪称艺术佳作。

近年来，迷津热也风行日本，目前全日本已有商业性迷津100多座，人们往游兴致并不亚于英国，一些年轻人成群结伴，以最短时间内"征服"迷津引以自豪。从而心智和体能在新奇的刺激下，不知不觉地得到锻炼。在迷津中还经常看到寻找捷径的儿童、迷途知返的妇女和踽踽而行的老人。他们乐而忘忧，带着欢乐与满足走出迷津。

据统计，周末每座迷津约有5000多名游客光临。日本式迷津同英国式迷津特点不同，日本迷津多用木板隔成，而且所有迷津结构基本相同：2.15米高板木隔墙，中间是2米宽碎石路，通道总长2000米左右，一般来说，50分钟便可穿行一次，但若确实找不到出口，可能几小时也走不出来，有位老者创下了6小时10分钟的纪录。这种迷津虽不及英国式的典雅，但却有方便之处，挪动隔板或调整人口位置就可改变路线，因此可以给人常变常新的感受。

1985年，北海道函馆的"世界温泉牧场"首先引进"兰兹波罗迷宫"，这种迷宫是新西兰迷宫作家史近瓦特·兰兹波罗设计的。不久在京都又开设第二座，游客爆满，从4岁到100岁，不论男女老幼，只要花上几百日元就能尽情畅游一番。

迷津入口处设有打卡机，它将入场时间记录在门票上，迷津设有4处检查站，站名分别是M、A、Z、E4个英文字母，即maze（迷津）。每个检查站都备有图章，以证明没有投机取巧，以服务员盖上图章为证。因为有的游客缺乏耐心，"情急生智"，干脆从墙头或墙下爬出。那么他手中的门票就能证明，他是否是真正迷津"征服者"。

万一实在走不出怎么办？别担心，迷宫内有几处固定点备有白旗，上书：Help（救命啊！）只要举起手，摇曳白旗，便立刻有人前来"收容"营救。此外，也还有太平门可"逃生"，墙下还留有40厘米左右空间"给尔自由"。当然，有点自尊心的人是不屑一顾的。

游客们在穿行迷津中，大多采取个人行动，靠自己智慧走出"误区"，也有不少情侣一同闯关。在行进中，经常"狭路相逢"，一再碰到熟悉面孔，即使是陌生人也不禁在"患难之中"相识，相互打招呼，进而聊上几句，如此自然地毫无警戒地相识，甚至结下友谊，交上朋友，播上爱情。放眼迷津之外的当今日本社会，这种场所还真不多见。

迷津，除了让人花上几十分钟，检验自己的智力和体力外，还可以让人们在游戏中重拾童心，获得脱离困境的快感和征服难关后的成功感。

迷津追求的是健康、自然和温馨。因此，设计者、建造者和管理者都在不断开拓创造迷津新领域。有的利用自然地形建造迷津，使其别具天然特色；有的建造冰上迷津，游者可以滑冰穿行，同运动锻炼结合，另有一番趣味；有的在迷津中饲养一些山羊、鸡、兔小动物，让游客享受野外生活的情趣。另外，迷宫的建造亦是使一些都市平添风景的方法。日本岛根县匹见町原是一个人口仅2400人的偏僻小村，长期以来人口外流。1986年这儿建造迷宫，每年竟有6万游客蜂拥而至。很多商店、饮食店应运而生。地方经济发展也走出了"迷宫"，促进了经济发展。迷津它能给这个世界带来更多地爱和欢笑。

中美家庭体育

世界体育在新技术革命的影响之下，正以前所未有的规模迅速发展着。"体育热"已成为世界范围的浪潮在许多国家涌现。美国和中国家庭体育就是突出一例，美中两国家庭体育各具特色。

　　美国是世界瞩目的体育发达国家。进入80年代以来，体育运动在美国得到了更进一步的发展，充分显示了它在竞技方面的优势。与此同时，大众体育也开展得十分广泛，体育已经深入到千家万户。家庭体育的发展，使美国的"体育热"浪潮日趋高涨。据1983年3月的一份关于"体育热"的调查报告指出，在美国卷入"体育热"的人数占总人数的96.3%。

　　美国前总统卡特认为，鼓励美国人民参加体育运动是"有助于提高美国人健康水平的最好投资"。他说他几乎每天都要和妻子一起进行慢跑活动。他还参加游泳、滚木球、徒步旅行、滑雪、网球和垒球运动。"体育活动已成为我的生存和乐趣的一个组成部分。"

　　在美国，普通家庭的体育活动也开展的十分广泛。今年夏天，美国春田学院的詹姆斯·吉纳西教授及其夫人来华讲学，其中就讲述有"体育和家庭"这一问题。

　　詹姆斯教授指出，在家庭体育的发展中，吸引孩子们参加体育锻炼是十分重要的。他指出，"要在孩子很小的时候就培养他们有参加体育活动的愿望。"

　　詹姆斯教授夫妇就是这样做的。其中一张照片中的两个孩子，大的是他们的女儿，年仅5岁，已经能够蹬着滑雪板在雪地上艰难地滑行了。妈妈背上背的，是刚刚才5个月的儿子。孩子这样小，就已经同大众一道在分享滑雪运动的乐趣了。

　　另一张照片中的小男孩，年纪很小就学会游泳了。看他在水中的神态，好像一名胸有成竹的游泳选手的样子。詹姆斯教授说："不过这不是奥运会的冠军，而只是同妈妈、姐姐一起参加体育活动的家庭中的一个小成员。"

　　对相当多的美国家庭来说，滑雪和游泳是两项颇受欢迎的运动项目。这两个运动项目，季节性很强。夏天游泳，冬季滑雪，不仅使家庭成员得到很好的身体锻炼，而且也养成了人们夏不怕热，冬不畏寒的坚强意志。

据报道，在美国 2.25 亿人口中，参加游泳的人数已经超过了 1 亿。足见游泳运动在美国普及的程度。游泳已经成为美国家庭体育的一项重要内容。

在美国某些地区的家庭体育中，骑马也很酷。这里刊登的一张照片，就是孩子在学习美国西部式的骑马。看他那从容不迫、镇定自若的样子，十分动人。骑马运动能够培养人们坚定勇敢的精神。所以美国的许多家庭，不仅大人喜欢骑马，而且也期望自己的孩子们能够学会骑马。

在美国家庭流行的另外两项活动是雪橇和滑水。雪橇特别受到小孩子们的欢迎。因为大人可以把他们绑在雪橇上，高高兴兴地同家人一道去观赏冬季的自然风光。滑水运动则不同，它要求有较高的技巧，因而是中、青年所欢迎的项目。现在在美国，不少人在练习两个人在同一块滑水板上滑水。

美国家庭体育中开展比较广泛的运动项目还有以下几种：划船、郊游、滑冰、钓鱼、自行车和放风筝等。在美国，放风筝不仅是孩子们喜爱的活动，而且在不少家庭中，老少三代人都喜爱这一活动。

跑步和体操，是传统的项目。其中的一张照片给我们展示了幼儿体操的一个生动画面。照片上孩子的动作虽然简单，然而却使我们想到了孩子的父母，从小就教他做体操的那番苦心。它使我们增加了对美国家庭体育的了解。

爬山活动也是受到不少美国家庭欢迎的运动项目。这一活动既增强了人们的体质，又对家庭成员之间的团结合作起着很好的影响作用。在一次家庭成员集体参加的爬山活动中，彼此互相照应，互相帮助，进一步使家庭成员亲密无间。詹姆斯教授一家就很喜欢这项活动。他说，他们儿子的十六岁生日，就是在一次爬山活动中在山上度过的。

野营活动在美国也开展得很广泛。参加野营活动不仅可以全体家庭成员参加，而且有时可以几个家庭一起参加。这样的活动，调剂了人们的生

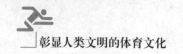

活，增强了彼此间的团结，十分有益。

在美国的家庭体育中，具体状况有着很大的不同。不少家庭的成员并不是全体都积极参加体育运动。在这些家庭中，只是某个或某几个家庭成员参加他们所喜爱的体育活动。这种家庭体育是不够完善的。

詹姆斯教授对这种开展不完善的家庭体育表示遗憾。他认为，这种情况不能使体育成为一种把家庭成员聚集在一起的力量和因素。相反，倒成为使家人分开的一种活动了。

詹姆斯教授认为，每个家庭都应该尽最大的努力，想办法让家庭成员一起参加体育锻炼。他说："我们热爱生活，希望生活得更有朝气。同时也希望我们的孩子也能朝气蓬勃地生活。我们认为让家庭所有成员都参加的体育活动，对家庭的团结和睦是非常有益的。应该把这种体育活动介绍给所有的家庭。"

中国的家庭体育在竞技体育迅速发展的基础上，逐渐兴起。在本世纪末已有了一定的发展，特别是在城市中，随着改革开放，人民经济生活水平的提高，家庭体育愈来愈受到重视。中国家庭目前具有小型多样，简便易行的特色。特别是注重家庭体育的趣味性和娱乐性。

隆冬的一天，冷风飕飕，寒气袭人。北京先农坛网球馆内却热气腾腾，笑语回荡。一场别开生面的家庭趣味运动会正在进行着……

跨越"时间隧道"的比赛开始了。一个个家庭的参赛者按照规则要求，走向起点，迅速地穿上象征"90年代"的最时髦的新颖羽绒服，手拉手地向"前"跑，转瞬间到了"30年代"的标志线，他们立即换上旗袍马褂，继续向"前"跑，到达"大清朝"的标志线了，一家家参赛者又换上了顶戴花翎、花衫绣袄……短短一分多钟，这些参赛者穿过"时间隧道"跨越了若干年代……

在电视剧《四世同堂》中扮演"大赤包"而家喻户晓的北京人艺老演员李婉芬，虽然身体有些"发福"，但手脚麻利，有条不紊，像在舞台上演戏般自如、老练，她率领全家人夺得了特约三代5人组的冠军。

"我年轻时，太喜欢体育了，运动项目差不多哪样我都能玩两下……"志得意满的李婉芬赛后说，"如果现在减去几岁，我横渡昆明湖没问题。现在虽然对剧烈的体育项目不适应了，但我还经常打羽毛球，练气功。生活不能没有体育啊！"

这项比赛特别有趣的是50年代曾3次架机通过天安门广场上空，受到毛主席检阅的优秀飞行员陈有才一家。他们忙中出错，破绽百出。儿媳一阵慌乱，操起马褂便穿，她丈夫也乱了手脚，穿上花衫，却丢了礼帽，一家5口由于求胜心切不仅失去夺魁希望，还连连犯规，引得满堂哄笑。

牛郎织女七夕鹊桥相会的故事已成为千古美谈。然而，这项富有体育色彩的"鹊桥相会"比赛却别有情趣。比赛场上，一边设一个圆形墩为桥墩，中间接一条狭窄细长的木条为桥身。它要求一对夫妻分别从两个桥墩向中间行走，"相会"后侧身而过，走向对面的桥墩，不得失足"落水"。

哨声响了。一对夫妻满怀信心地走上桥身。可谁知，"相会"的一刹那，两个站立不稳，双双"落水"，"相会"失败了。是两者无情吗？不是，是他们平衡、转身的能力差，平时缺乏锻炼的缘故。而另一对情人——京棉一厂的先进生产者王勇和妻子刘伟却步履稳健，优美潇洒，轻松自如地走过狭窄的桥面，在桥中间相会了，随即，相互一侧身，各自走到了对面的桥墩。

这对有情人出色的表演赢得了热烈的掌声。

原来，京棉一厂的群体活动开展的十分活跃。王勇与刘伟经常参加体育锻炼，而且爱跳交谊舞。难怪他们的动作那么灵捷，平衡能力那么强呢！

提起螃蟹，人们一定会想到8条腿横行的样子，但它毕竟是一个"大脑"指挥，虽然横行但动作是朝着一个方向的。"螃蟹赛跑"这个项目就不同了。它要求一家三代5人同时坐在一个多轮墩上，一齐用脚蹬地抵达终点。5个人5个大脑10条腿，要做到一致，力往一处使就不那么容易了。

比赛开始了。有的家庭虽然十分卖力，但不是横行便是斜行，逗起阵阵笑声。而中国体育报记者张小柱一家却动作一致，整齐划一，径直向前滑行，顺利地抵达终点……最后他们获得了冠军。

张小柱一家都是体育爱好者。他的父母都已退休，但老两口还经常骑自行车、登山锻炼。他的妻子也经常参加打乒乓球等项目锻炼。张小柱本人篮球、排球、乒乓球、登山样样俱佳。在家庭的熏陶下，他的小宝贝自然是个小体育迷。他们三代5口心往一处想，力往一处用，步调一致地夺得了冠军。

现代生活离不开体育。家庭体育已逐渐成为大众体育的一个新的重要方面。随着人们参与意识的增强，越来越多的家庭在参与中感受到了体育的乐趣和魅力！

竞技场上的贵族

世界体育不仅仅是一桩商业，而且应该说是一桩硕大无比的商业产业。奥林匹克运动会、世界杯足球赛、世界一级方程式赛车大奖赛这样的体育活动，所吸引的电视观众和票房收入不是以几万万计而是以十亿计。网球大奖赛、美国全国橄榄球联赛、拳击冠军赛和高尔夫球赛的观众人数和经济收益情况也毫不逊色。

从经济角度来衡量，在体坛上职业运动员倒像是业余选手，而真正的专业体育家，也就是真正的体育明星，却是那些运动界的巨头：他们很少露面，衣着华丽，一尘不染，是喷气客机上的常客。他们的名字（略举几位）是阿维兰热、埃克尔斯通、麦考马克、内比奥洛，对一般的运动迷来说这些大名并不意味着什么特别的含义；而对深谙内情的人来说，提到这些名字时是肃然起敬的。

这些不大露面的巨头重视声望、声誉和权力。他们都是男性，年纪通常在60多至70多岁，都很富有，大多是拉丁美洲人，每年很多时间待在瑞士。他们经常到世界各地旅行，大多乘坐私人专机，其间几乎肯定要在某时某地同阿迪达斯体育器材公司或可口可乐公司的大人物会晤。这些体育巨头可能在主要的国际体育项目的管理机构中占据一个高级职位；也可能是一项体育运动比赛的主办者；或者是某一家体育俱乐部的经理或著名选手的经纪人；他也可能在某一家运动器材设备公司或体育广播界拥有一个重要职位。如果他是一位重要的体育巨头，就可能身兼数职。

最大的体育巨头经手的不仅是几亿美元，他们影响涉及体育运动的各个方面。他们决定比赛在哪里举行，由谁来经营管理，赚的钱如何分配，运动员该穿什么样的衣服，确定哪些比赛规则等等。

不管出席多么盛大的体育比赛，体育巨头们都享有最佳座位。只要他自己愿意，他的一生就可能在私人喷气飞机、宫殿般的旅馆、辉煌的欢迎酒会及豪华的宴会中度过。作为一个体育巨头，还有一个有利条件就是万众瞩目，会受到与这位巨头所统治的体育界有关的任何人的绝对尊敬。

体育巨头之间的争夺也很激烈。其原因倒不是为的金钱，而是为权力和声誉。他们的竞争影响着未来的世界体育运动。

外界对这些体育巨头的情况知之甚少，是这些巨头有意造成的，因为他们的工作涉及错综复杂的纵横捭阖，如果这其中的内幕泄露出去只会对他们自己不利。所以这些巨头很少接受新闻记者采访，即使接受采访也不透露任何内情。最近20年来，有几位新闻记者企图揭露体坛的金钱、权力之争的内幕，其中著名的如史蒂芬·艾里斯写的书《体育商业》、维夫西姆森和安德鲁·詹宁斯的书《竞赛场的贵族》，后者出版后引起了一场争论。但总的说来舆论媒介在这方面没有什么作为，其原因有法律上的威胁和体育记者们不敢得罪体育巨头，害怕失掉饭碗。

30年前，世界上大部分体育运动都是没有盈利的，经管体育的官僚主要是盎格鲁—撒克逊人，如国际奥林匹克委员会的布伦戴奇、国际业余田径联合会的埃克塞特勋爵等。他们也享有权力、金钱和声望，但这些权力是世袭的。他们的主要目的是保持原有状况使之不发生任何变化。后来，那些渴望成为体育巨头的人对于体育界发生的革命性的潜在变化感到欢欣，体育运动逐渐成为群众性的娱乐项目，一些因循守旧的做法与安排逐渐消失了。

现任国际管理集团首脑和当今最有实力的商人麦考马克，早在50年代末就已经注意到世界公众对第一流体育运动的兴趣与日俱增，当时他就意识到可以从体育运动中牟利。体育明星可以赚到的钱可以说是难以计数的。体育巨头也应运而生，越来越多，例如汽车比赛的埃克尔斯通、美国橄榄球的罗塞尔、拳击界的唐·金（前拳击冠军穆罕默德·阿里是他的助手）、板球界的帕克尔、田径界的达斯勒等等。不管哪一种运动项目，这些体育大亨的想法都是一致的，就是千方百计使体育运动潜在的商业价值充分发挥，变成现实。同时，体育运动的新财源也源源出现，烟草公司在60年代中期主办体育比赛活动，阿迪达斯运动器材公司向著名田径运动员赠送运动鞋，使得体育观众以为运动员创造的优秀成绩与他们所穿的运动鞋有关。以此为开端，各种运动器材公司花费以亿计的英镑说服体育界人士采用他们制造的器材，从而达到操纵的目的。

举办比赛活动是聚敛财源和权力的手段。达斯勒与英国的纳利合作，说服了可口可乐公司提供数百万美元举办国际足球比赛，对此国际足联的阿维兰热一直感激不已。接着达斯勒利又怂恿可口可乐公司对奥林匹克运动会给予赞助，受到萨马兰奇的感戴。当然，达斯勒也分享到一份好处。

电视也给体育运动带来巨大的利润。60年代中期电视第一次实况转播奥运会和全美橄榄球比赛。到了今天，全美橄榄球比赛的电视观众已经达到7.5亿人，观看奥运会实况的电视观众则达到这个数目的三倍。电视公司付给巴塞罗那奥运会的转播费是6.33亿美元；付给世界杯足球赛（1990年至1998年）的钱是2.3亿美元；付给篮球联赛（四年）的金额是8.75亿美元。这些赞助费的最明显的受惠者是像麦考马克这样的体育贵族，此人是专门在体育比赛组织者和电视公司之间牵线搭桥的中间商。

有些评论家批评体育巨头的口实，正是他们引以自傲的理由，那就是他们把体育活动发展成一年创造出几百万美元价值的商业产业。

阿维兰热

现年76岁的阿维兰热原来是游泳和水球运动员，巴西体育协会主席。从1963年起担任奥委会委员，1974年起担任国际足球联合会主席。他是一位很有成就的商人，有很强的办事能力，在他接管国际足联时，这个组织在苏黎世只有一间很小的办公室和两名办事员，现在国际足联的组织几乎可以与奥委会媲美。

阿维兰热是经过4年之久的游说活动才于1974年得到国际足联主席职位的，他向众多的第三世界国家许诺，一旦他担任国际足联主席，他将推翻由来已久的欧洲人统治世界足坛的状况，要扩大世界杯参赛球队的数目，从16支球队增加至24支球队，并且增设少年锦标赛，还要对发展中国家的足球运动给予资助。这些诺言使他得到第三世界国家的支持。当选以后，他为兑现他的诺言而煞费苦心。幸亏阿迪达斯公司的达斯勒、奥委会的萨马兰奇和英国体育承包人纳利联合劝说可口可乐公司资助，才解决了他所需要的数百万美元经费的问题。萨马兰奇还运用其影响说服了西班牙的组织者增加1982年世界杯足球赛的参赛名额。阿维兰热反过来也促成奥委会同意让西班牙的巴塞罗那举办奥运会。

麦考马克

麦考马克是美国律师，热爱高尔夫球，是世界上历史最久、最大的体育运动代理机构"国际管理集团"的创办人，1960年开始就担任他的一位朋友、高尔夫选手帕默尔的经纪人。他作风朴实，目光锐利，有商业头脑，终于使他在体育界取得很大成就，许多著名高尔夫球选手如加里·普莱耶、杰克·尼克劳斯等人都请他担任经纪人。到了70年代他又成了一些网球运动员的经纪人。现在，纳芙拉蒂洛娃、伦德尔、埃弗特等网球明星都是他的客户。麦考马克生活简朴，不崇尚虚荣。他的国际管理集团业务发展迅速，至今有46个分支机构遍布世界各地，雇员有1500人。1991年的营业额为5.75亿英镑。世界第一流高尔夫选手中有75人、第一流网球选手中有50人都是这家管理公司的委托人。公司派出的职员不断在世界各地物色有发展前途的体育天才，与之签订合同。国际管理集团代理业务的作风是垄断性的，它掌握比赛活动的主办权，包括买卖电视转播权、主办权。麦考马克有时还亲自担任比赛的转播评论员。为此他不免遭到官方的批评，说国际管理集团的经济收益超过了运动员。尽管如此，运动员还是愿意与这家代理公司签约，因为这是一条比较保险的名利之路。1987年，国际管理集团还买下了世界上最著名的培养网球运动员的学校——设在美国佛罗里达州的尼克·波利特里网球学院，之后又购入几家网球学校，所以人们认为国际管理集团的统治地位在可以预见的将来不可能受到挑战。体育界给他取了一个绰号："鲨鱼马克"。

内比奥洛

国际业余田径联合会主席内比奥洛的头衔有一大堆，他先后担任夏季奥林匹克国际联盟协会、国际大学生运动联合会、意大利业余田径联合会的主席，国际奥委会委员。此人律师出身，曾经是意大利都灵市的著名跳远运动员，终年76岁，以都灵市体育中心的经理开始了他的体育行政官员的生涯，1999年11月7日因心脏病死于罗马。

内比奥洛在意大利体育界和大学生体育运动领域经营了20年，同阿迪达斯公司的达斯勒关系密切。1969年他成了意大利业余田径联合会主席；1972年参加国际田联的领导机构；1981年在达斯勒的协助下被推选为国际田联与阿迪达斯公司签订的合同能继续下去。

由于国际田联组织的世界田径锦标赛的发展，使得国际田联的权力、财富和声望与日俱增。1988年至1991年的三年间，国际田联的收入是6500万美元；从1992年至1995年达到不少于1.4亿美元。他任国际田联主席18年之久，在使田径职业化和商业化过程中，他的敌人和朋友一样多，批评者说他是暴君。在他上任时，国际田联成员只有100个而今已有210个。内比奥洛代表着一个新时代，他是第一个明白奥林匹克运动需要适应新时代的人。

内比奥洛控制了大部分奥运会的比赛项目。1991年举行的世界田径锦标赛由于没有出现药物丑闻和创造了几项世界纪录，成绩显著，使他的地位更加巩固。

埃克尔斯通

一级方程式赛车制造商联合会主席、国际赛车运动联合会商务主任埃克尔斯通，在赛车界被称为军需部长。他五短身材，行动神秘，英国人，约60岁。50年代时是一名摩托车商人，后来业务发展，买卖汽车，赚了足够的钱之后开始拥有一个赛车队，涉足汽车大奖赛。1971年他买下勃拉布姆赛车队，使他成为赛车制造商联合会的成员，这个组织垄断了赛车大奖赛的电视转播权和沿途两侧的广告经营权。由于汽车大奖赛在全世界140多个国家有广泛的电视观众，人数估计有14亿之多，因而得到卷烟公司的广告赞助，估计一年的金额高达10亿英镑。可想而知，这对控制汽车大赛的体育贵族是一笔多么大的财源，由此而产生多么大的权力。

80年代初期，埃克尔斯通与国际赛车联合会主席、法国体育贵族贝尔斯托为领导权问题展开了激烈的权力之争。为此汽车大奖赛曾经一度有一分为二的危险。最后两个人达成妥协，汽车大奖赛的技术方面由贝尔斯托领导的组织负责；商业方面由埃克尔斯通的组织负责。这么一来，这场权力之争实际上的胜利者是埃克尔斯通，贝尔斯托由于财权旁落逐渐地被挤到边上去了。1991年国际赛车联合会主席的王冠终于被埃克尔斯通的盟友摩斯利摘取到手。

国际体育界中对财务情况最为保密的莫过于汽车比赛这个项目的机构，而体育界中对商业安排最为保密的又莫过于埃克尔斯通。此人的财富从一件事情上可以想象，有一度他曾经表示过对英国《泰晤士报》和《星期日泰晤士报》有兴趣，但是后来报业大王默多克在购买报纸的产权上将他击败了。1988年以来，埃克尔斯通又把国际摩托车大奖赛的主办权及其电视转播权抓在手中。

达斯勒

体育贵族之王达斯勒英年早逝，1987年去世时才51岁。他在他父亲的企业阿迪达斯运动器材公司工作多年。1956年，他给参加墨尔本奥运会的运动员赠送运动鞋，使阿迪达斯公司声名大振。后来他在1960年自己开办法国阿迪达斯公司，在随后的二十年中逐渐接管了阿迪达斯的全部企业。达斯勒擅于向运动员赠送实用的礼物包括现金。这个策略确实见效，1968年墨西哥奥运会有83%的参赛运动员穿阿迪达斯牌子的运动鞋，而且这样的纪录一直延续到现在没有改变。达斯勒的这一举动曾受体育界传统主义分子的抗议。到了70年代，他的影响所及不仅仅是个别的运动员，他还试图影响体育组织和领导这些组织的头面人物。他的朋友包括萨马兰奇、阿维兰热、内比奥洛等人。体育界的许多重大决定都渗透有他的影响。从1975年起他又从事体育比赛主办权的买卖，是他说服了可口可乐公司拿出数百万美元赞助国际足联的比赛活动。

达斯勒把阿迪达斯公司变成了世界大公司之一，在他去世的时候，阿迪达斯公司每年要在举办体育比赛方面花费7000万美元。他喜欢体育，了解体育，但是在国际体育中他的最大成就是把业余体育活动转变为几十亿美元的实业，并且创造了这门实业的近亲文化。